독자의 1초를 아껴주는 정성!

◆

세상이 아무리 바쁘게 돌아가더라도
책까지 아무렇게나 빨리 만들 수는 없습니다.
인스턴트 식품 같은 책보다는
오래 익힌 술이나 장맛이 밴 책을 만들고 싶습니다.

길벗이지톡은 독자여러분이 우리를 믿는다고 할 때 가장 행복합니다.
나를 아껴주는 어학도서, 길벗이지톡의 책을 만나보십시오.

독자의 1초를 아껴주는 정성을 만나보십시오.

미리 책을 읽고 따라해본 2만 베타테스터 여러분과
무따기 체험단, 길벗스쿨 엄마 2% 기획단,
시나공 평가단, 토익 배틀, 대학생 기자단까지!
믿을 수 있는 책을 함께 만들어주신 독자 여러분께 감사드립니다.

◆

(주)도서출판 길벗 www.gilbut.co.kr
길벗이지톡 www.eztok.co.kr
길벗스쿨 www.gilbutschool.co.kr

노 패닉 여행영어

노 패닉(No Panic!) 여행영어

초판 1쇄 발행 2024년 11월 1일

지은이 · 티나(안형인)
발행인 · 이종원
발행처 · (주)도서출판 길벗
브랜드 · 길벗이지톡
출판사 등록일 · 1990년 12월 24일
주소 · 서울시 마포구 월드컵로 10길 56(서교동)
대표 전화 · 02)332-0931 | **팩스** · 02)323-0586
홈페이지 · www.gilbut.co.kr | **이메일** · eztok@gilbut.co.kr

기획 및 책임 편집 · 고경환(kkh@gilbut.co.kr) | **디자인** · 유어텍스트 | **제작** · 이준호, 손일순, 이진혁
마케팅 · 이수미, 장봉석, 최소영 | **유통혁신** · 한준희 | **영업관리** · 김명자, 심선숙 | **독자지원** · 윤정아

교정교열 · 이정선 | **전산편집** · 한효경 | **녹음 및 편집** · 와이알미디어
CTP 출력 및 인쇄 · 금강인쇄 | **제본** · 경문제책

- 길벗이지톡은 길벗출판사의 성인어학서 출판 브랜드입니다.
- 잘못 만든 책은 구입한 서점에서 바꿔 드립니다.
- 이 책은 저작권법에 따라 보호받는 저작물이므로 무단전재와 무단복제를 금합니다.
- 이 책의 전부 또는 일부를 이용하려면 반드시 사전에 저작권자와 (주)도서출판 길벗의 서면 동의를 받아야 합니다.
- 책 내용에 대한 문의는 길벗 홈페이지(www.gilbut.co.kr) 고객센터에 올려 주세요.

ISBN 979-11-407-1050-8 03740
(길벗 도서번호 301181)

정가 17,800원

독자의 1초까지 아껴주는 정성 길벗출판사

(주)도서출판 길벗 | IT교육서, IT단행본, 경제경영서, 어학&실용서, 인문교양서, 자녀교육서 www.gilbut.co.kr
길벗스쿨 | 국어학습, 수학학습, 어린이교양, 주니어 어학학습, 학습단행본 www.gilbutschool.co.kr

NO PANIC! TRAVEL ENGLISH

티나(안형인) 지음

해외에서 당황하지 말고
노 패닉 여행영어

길벗
이지:톡

introduction

NO PANIC, JUST TRAVEL!

Wassup everyone. This is Tina from Korea.
안녕하세요 여러~뿐~ 티나입니다!

낯선 곳에서 새로운 세상을 만나고, 다른 문화를 접하는 것은 언제나 설레고 벅차죠. But! 여러분도 아시겠지만 여행이 아름답지만은 않습니다. 아무런 문제가 일어나지 않는 그런 여행은 존재하지 않아요. 여행 중 문제가 해결 안 되고 부당한 대우를 받는다면 정말 피눈물이 나죠. 그래서 제가 여러분을 대신해서 그런 상황을 미리 대신 겪고, 좌충우돌 문제 해결을 위해 노력한 제 경험을 여기에 모았습니다. 이 책은 이런 내용을 담고 있습니다.

첫 번째 파트, 문제 상황을 해결하는 필수 100문장
여기서는 예상치 못한 상황을 해결할 수 있는 말을 10개의 카테고리, 각 10개 표현으로 묶었습니다. 제가 직접 듣고 말한 유용한 표현들만 뽑았습니다.

두 번째 파트, 실전 문제 해결 시츄에이션 50
이 파트에서는 해외여행에서 반드시 겪게 되는 50개의 상황을 대화문과 함께 다룹니다. 제가 여행 동안 겪었던 실화를 바탕으로 제작했기 때문에 실전 대비용으로 보시면 됩니다.

이 책으로 걱정과 불안이 없는 스트레스 제로의 여행을 하시길 바랍니다.
Thank you everyone, and I wish you luck every step of the way. Bye!

여러분의 여행 파트너 **티나 드림**

contents

Part 1 문제 상황을 해결하는 필수 100문장

01 **상황 확인하기** "이게 무슨 상황이지?" • 012
02 **문제 이야기하기** "문제가 생겼어요." • 020
03 **되묻기** "그러니까 이렇게 됐다는 말씀이죠?" • 028
04 **따지기** "그게 무슨 말인가요?" • 036
05 **보상/대안 문의하기** "어떤 보상을 받을 수 있나요?" • 044
06 **원하는 바 요청하기** "이렇게 해 주세요." • 052
07 **실망 표현하기** "정말 당황스럽네요." • 060
08 **거절하기** "제가 원하는 건 그게 아니에요." • 068
09 **환불/교환 요청하기** "그냥 환불해 주세요." • 076
10 **감사 표현하기** "정말 감사합니다." • 084

Part 2 실전 문제해결 시츄에이션 50

01 항공권

항공권 예약 취소하기/확인하기 • 094
공항에 도착했는데 항공편이 지연됐다 • 100
공항에 도착하기 전 항공편이 결항됐다 • 106
공항에 도착했는데 항공편이 결항됐다 • 112
항공권 예약 시 이름을 잘못 입력했다 • 118

02 공항

공항에서 물건을 잃어버렸다 • 128

귀국 후 해외 공항 분실물 센터에 이메일 보내기 • 134

해외 공항은 왜 이리 복잡한가 • 140

탑승 전 기내 수하물 무게 확인하여 추가 비용 아끼기 • 146

수하물 검사할 때 • 152

03 출입국 심사

여행 목적 설명하기 • 158

여행 기간 설명하기 • 164

신분 설명하기 • 170

준비 서류(비자 등)를 잊었을 때 • 176

신분 보장을 위해 정보 제공하기 • 182

04 이동 수단 - 항공편

비행기가 오버부킹이라고? • 188

좌석 업그레이드 요청하기 • 194

잘못된 기내 서비스를 받았다 • 200

다른 사람이 내 자리에 앉아 있을 때 • 206

담요는 유료라고요? • 212

05 이동 수단 - 차량

대체 결제 수단 요청하기 • 218

행선지 제대로 요청하기 • 224

특정 장소에 잠시 들르기 • 230

잠시 기다려 주실 수 있나요? • 236

바가지요금 대처하기 • 242

06 호텔

방 변경 요청하기 • 248

여행 필수품 요청하기 • 254

호텔에서 중복 결제 혹은 보증금 관련 대처하기 • 260

호텔 서비스가 무료인지 유료인지 문의하기 • 266

호텔 짐 보관 서비스 이용하기 • 272

07 쇼핑

결제 관련 문의하기 • 278

교환/환불 요청하기 • 284

그냥 구경 중이에요 • 290

쇼핑 콩글리시 • 296

세일 문의하기 • 302

08 식당·카페

메뉴가 잘못 나왔다 • 308

식당에서 추가 주문을 제안할 때 • 314

계산을 어떻게 해야 하지 • 320

예약 없이 워크인 입장하기 • 328

복잡한 사이드 메뉴 주문하기 • 334

09 관광지

외국인 관광객 할인이 되는지 궁금하다 • 340

짐을 맡아 주실 수 있나요? • 346

사진 찍어 달라고 요청하기 • 352

줄을 좀 맡아달라고 요청하기 • 358

꼭 알아야 하는 유용한 질문들 • 364

10 긴급 상황

도난/분실을 당했다 • 370

해외여행 중에 아프다 • 378

물갈이가 시작됐다 • 384

인종 차별에 센스 있게 대처하기 • 390

이 세계에선 내가 인종차별자!? • 396

PART 1

문제상황을 해결하는 필수 100문장

NO PANIC TRAVEL ENGLISH

~~~~~~

해외여행이 처음부터 끝까지 희망편이기를 바라는 것은 아무런 보험 가입 없이 평생 건강하기를 바라는 것과 같다. 해외여행은 예상치 못한 문제가 꼭 발생하기 마련이다. 한국이었으면 이런저런 요청도 하고 컴플레인도 걸었겠지만 난 이곳에서 영어도 잘 모르는 이방인이기에 입을 꾹 다물고 넘어가기 쉽다. 이렇게 문제가 생긴 상황을 대비한 표현들을 나의 경험을 바탕으로 정리해 봤다. 내 피 같은 돈으로 간 여행인데 손해 보지 말고 똑 부러지게 할 말은 하자.

01 상황 확인하기

"이게 무슨 상황이지?"

예상치 못한 일이 일어났다. 해외여행은 늘 그렇다. 하지만 나를 망설이게 하는 것은 짧은 영어가 아니라 이 상황이 문제인지 아닌지 확실치 않다는 것이다. "에이, 원래 이런 거겠지." 과거에는 이렇게 넘어갔겠지만 이 책을 만난 당신은 이제 달라졌다. 지나가는 직원을 잡고 물어보면 된다. 이 책이 해결해 줄테니 쫄지 말자.

Excuse me, ~. / I'm sorry, ~.

실례합니다, …. / 죄송한데요, ….

> ▶ 다짜고짜 다가가서 느닷없이 내 말부터 하면 대화의 시작이 당혹스럽고 갑작스러울 수 있다.
> 그러니 꼭 앞에 위의 표현을 섞어서 시작하자.

Can I ask something?

뭐 좀 여쭤볼 수 있을까요?

▶ 앞의 표현과 마찬가지로 대화를 무례하지 않고
교양 있게 시작할 수 있는 문장이다.
문의할 때 이 문장으로 말을 걸어 긴장을 풀어 보자.

Is this normal?
Is it usually like this?
Is this how it's supposed to be?

이거 정상인가요?
이거 원래 이런 건가요?
이거 원래 이렇게 되는 게 맞나요?

▶ 제공받은 제품이나 혹은 서비스에 문제가 있어
보일 때나 내가 잘 모르는 건지 확인하고 싶을 때
사용하면 좋은 표현들이다.

Does it usually [taste/work/sound] like this?

이거 원래 [이런 맛이 나요/이렇게 작동하나요/이런 소리가 나요]?

> ▶ '원래'는 originally로 써야 할 것 같지만
> 이는 '태생적으로, 근본적으로'라는 의미가 강하여
> 어색할 수 있으므로, usually(보통, 주로)를
> 사용하자.

How much is this again?

이거 얼마라고 하셨죠?

> ▶ 막상 계산하려 보니 내가 예상한 것보다
> 가격이 훨씬 많이 찍히는 경우가 있다.
> 불편해하지 말고 캐셔에게 물어보자.

Is this the right [price/size/color]?

이거 [가격/사이즈/컬러]가 맞는 건가요?

▶ 해외여행을 하다 보면 의도치 않은
바가지를 쓰게 될 때가 많다.
그럴 때는 가격이 맞는지 정확히 물어보자.

Can I see the receipt?

영수증을 볼 수 있을까요?

> ▶ 영수증을 확인하기 전에 계산부터 해야 하는 경우가 흔히 있다. 내가 생각한 금액과 차이가 꽤 난다면 영수증을 먼저 보여 달라고 하여 확인한 후 계산해도 늦지 않다.

Can you check [this/the price/my reservation details/my room number/my seat/my order] for me?

[이거/가격/예약 내역/방 번호/좌석/주문 내역]을 확인해 주실 수 있나요?

> ▶ 무언가를 확인해 달라고 요청할 때는 Can[Could] you check ~?으로 시작하면 된다. 문장 끝에 for me까지 붙여 주면 원어민이 구사하는 것 같은 영어 문장 완성이다.

Do you know when my flight might leave?

제 항공편은 언제쯤 출발하나요?

> ▶ 해외 항공편은 결항도 흔하고 지연은 더욱 흔하다.
> 항공사 직원에게 내 항공편이 안녕한지 확인하기
> 위해 할 수 있는 질문이다.

Can you double-check [~] ?

한 번 더 […]를 확인해 줄 수 있나요?

> ▶ 문의를 했는데 문제가 없다고 하지만
> 분명히 내가 기존에 알고 있던 내용과 다를 때가
> 있다. 그럴 땐 이렇게 재확인을 요청해 보자.

02 문제 이야기하기

"문제가 생겼어요."

문제인 게 확실히 드러났다면 지체하고 있을 이유가 없다. 곤란한 문제가 발생했음을 관계자에게 혹은 서비스 제공자에게 정확하고 신속하게 알려 나의 권리를 챙기자! 쫄 필요 없다. 그들은 이런 상황에 익숙하고 당신은 아래 문장들을 그대로 활용하면 된다.

I think I have lost my [~].

제가 [⋯]를 잃어버린 것 같아요.

> ▶ 여행 중에 가장 흔한 문제 상황 중 하나인 분실.
> 복잡하다면 have를 빼고 I think I lost my ~로
> 시작해도 좋다.
> lost(잃어버렸다)는 필수 어휘이니 참고!

I'm having trouble with [~].

[…]에 문제가 생겨서요.

▶ 호텔 화장실 물이 안 내려가거나, 카드키가 작동을 안 하는 등 다양한 문제 상황에 만능으로 사용할 수 있는 문장이다. 빈칸에 문제 대상을 넣어 보자.

I think it's not working.

[…]가 제대로 작동을 안 하네요.

▶ 무언가를 구매했을 때뿐만 아니라 어떤 기기가 작동하지 않을 때 등 정말 다양한 상황에서 사용할 수 있는 말이다. work는 이때 '일하다'가 아닌 '작동하다'의 뜻이니까 참고!

I requested/ordered [~], but I haven't received it.
제가 […]를 요청/주문했는데, 받지 못했어요.

> ▶ 내가 이미 요청했으나 아직 받지 못했음을
> 알려야 하는 경우에 유용한 표현이다.
> 사용되는 동사를 유의해서 사용해 보자.

I need help with [~].

[…]에 도움이 필요해요.

> ▶ 만능 문장 두 번째! 영어로 설명하기보다는
> 먼저 직원에게 직접 상황을 보여 주고 싶을 때
> 사용하면 딱이다.

Can you give me some more information about [~]?

[…]에 대해 더 설명해 주실 수 있나요?

> ▶ 문제 상황을 알리면서 더 많은 정보를
> 요청하고 싶을 때 사용할 수 있다.

Is there someone who speaks Korean?

한국어 하시는 분 계신가요?

> ▶ 최후의 수단으로 사용하면 좋은 문장!
> 영어로 다 설명할 엄두가 나지 않을 때
> 한 번 던져 보자. 혹시 모른다.
> 한국인 직원이 있을지!

Can you explain what's happening with [~]?

[…] 관련 무슨 일이 일어나고 있는지 설명해 주실 수 있나요?

▶ 문제 발생 경위를 파악하여 내가 무엇을 해야 할지
  알고 싶을 때 상황 설명을 당당하게 요청하자!

Can I speak with a manager?

책임자와 이야기할 수 있을까요?

> ▶ '책임자 나오라고 해!'는 우리나라에만 있는 표현이 아니다. 실제로 응대 직원의 권한과 정보가 제한적일 경우 책임자에게 문제를 설명하는 것이 효과적일 수 있다.

I believe there has been a mistake. This isn't what I ordered.

문제가 있는 것 같은데, 이건 제가 주문한 게 아닌데요.

> ▶ 특히 식당, 카페에서 흔히 일어날 수 있는 문제 상황이다. '뭐, 어때'하면서 그냥 먹어도 괜찮지만, 기왕 돈을 내는 거니 내가 주문한 걸로 바꿔 달라고 당당히 요청하자.

03 되묻기

"그러니까 이렇게 됐다는 말씀이시죠?"

문제 상황에 대해 직원의 응대와 설명을 들은 당신. 하지만 영어로 대화하다 보니 제대로 이해한 것이 맞는지 긴가민가할 수 있다. 이럴 때는 확실히 확인할수록 추가적인 문제를 예방하고 다음 행동을 계획할 수 있으니, 꼭 이전 대화를 확인하는 되묻기 표현을 사용해 보자.(덤으로 이 상황에 대한 언짢음을 표현할 수 있는 수단이기도 하다.)

So you're saying [~]?

그러니까 […]라는 말씀이시죠?

> ▶ So you're saying ~?은 되묻기 문장의 기본적인 표현이다. 꼭 암기하여 써먹어 보자.

So you're saying there was a mistake with my order?

그러니까 제 주문이 들어가면서 실수가 있었다는 건가요?

▶ 주문을 받는 데 mistake(실수)가 있었다는 게 맞는지 되물어보는 표현이다.

So you're saying there's a delay? How long will it take?

그러니까 지연이 된다라는 말씀이시죠? 얼마나 걸릴까요?

▶ 무언가 잘못됐을 때 대기 시간이 발생하기 마련이다. 지연이 되는 것이 맞는지, 얼마나 지연될 것인지 물어보면 소중한 여행 시간을 절약할 수 있다.

Do I have to wait here?

여기서 기다리면 되나요?

▶ 대기해야 하는 상황에 자주 사용될 질문이며, <Do I have to [동사] ~?>는 템플릿으로 활용하기에도 좋다. '제가 [동사]해야 하나요?'라는 의미이다.

Can you please clarify what was wrong with my [order/reservation]?

제 [주문/예약]에 무슨 문제가 있었던 건지 명확히 알려 주시겠어요?

▶ clarify는 '명확히 하다'라는 뜻이다. 나의 주문/예약이 어디가 어떻게 잘못된 건지를 명확히 설명해 달라고 요청하는 표현이다.

Is there a problem with the service I asked for?
제가 요청한 서비스에 문제가 있나요?

▶ Is there a problem with ~?는 '…에 문제가 있나요?' 라는 뜻으로 다양한 상황에서 문제 확인을 위해 쓰일 수 있는 표현이니 기억하자.

Do I need to take further action?

제가 더 해야 하는 일이 있을까요?

▶ 가만히 앉아서 기다리는 게 답답한 당신!
이렇게 물어봐도 괜찮다.
친절하게 답변해 줄 것이다.

Is there anything else I need to do?

제가 더 해야 할 일이 있을까요?

▶ Is there a problem with the service I asked for?
의 문장이 어렵다면 이렇게 캐주얼하게
물어볼 수도 있다. 여행 동안에는 일분일초가
소중하니 문제 해결을 함께하는 것도
좋은 선택이다.

Can I not use this service anymore?
제가 이 서비스를 더이상 이용하지 못하게 되는 건가요?

> ▶ 문제가 해결되면 좋겠지만 느낌이 싸할 때가
> 있을 것이다. 문제가 해결되지 않고 나의 권리가
> 사라지는 것! 그럴 때는 먼저 확인해 보자.

Can I go out and return in 3 hours?
나갔다가 3시간 후에 돌아와도 괜찮을까요?

> ▶ 일분일초가 소중한 여행 시간 동안 언제 해결될지
> 모르는 일을 계속 기다릴 수는 없다. 문제가 해결될
> 동안 잠시 나갔다 와도 되는지 물어보고 나가면
> 시간도 아낄 수 있다.

04 따지기

"그게 무슨 말인가요?"

여행 중 문제 상황이라는 게 납득이 되면 다행이지만, 정말 납득이 어려운 상황이 많을 것이다. 이 돈을 내고 여기까지 왔는데 이게 무슨…! 심지어 내 잘못도 아닌 상황이다. 황당하겠지만 정신줄을 놓지 말고 아래 문장들을 읽어 보자. 영어를 못 한다고 따지지도 못하면 얼마나 억울한가!

What do you mean? I paid for this [~].

그게 무슨 말인가요? 저 이 […]에 대한 돈을 냈어요.

▶ 무료 서비스가 문제가 생기면 그냥 넘어갈 수도 있겠지만, 추가 금액까지 지불했을 경우는 상황이 다르다. 그냥 넘어가면 돈만 날리는 꼴. 꼭 따져 보자.

I expected to receive the service I paid for.

내가 지불한 서비스를 받을 걸로 생각했는데요.

> ▶ 앞의 문장과 비슷한 상황에서 사용 가능하다.
> 특정 서비스를 받을 것이라 기대하고 결제까지
> 했는데 받지 못했을 때 사용할 수 있다.

I wasn't informed about this.

이에 대해 사전 고지를 받지 못했어요.

> ▶ 예를 들어, 추가 금액을 지불하고 옮긴
> 비행기 좌석의 모니터가 작동을 안 한다고 한다.
> 하지만 그걸 미리 알았다면 나는 금액을 지불하지
> 않았을 것이다. 이에 대해 이렇게 따져 보자,
> 난 미리 듣지 못했다고.

This is unacceptable. I want a resolution.

이건 받아들일 수 없네요. 해결해 주세요.

▶ unacceptable(용납할 수 없는)이라는 단어가 딱 맞는 상황이 올 수도 있다. 정확히 나의 심경을 전달하고 resolution(해결)을 당당히 요청하자.

I want to know why I'm not getting what I paid for.

돈을 냈는데 왜 내가 서비스를 못 받고 있는지 설명해 주세요.

▶ 우리말 문장에서도 알 수 있지만, 꽤 날 선 문장이다. 문제의 해결책이 도무지 보이지 않거나 시원치 않은 해결 의지를 보일 때 사용해 보자.

I want compensation for this situation.

이 상황에 대한 보상을 원해요.

▶ 대부분의 회사는 일차적으로 사과의 말로 무마하려는 경우가 많다. 하지만 죄송하다는 말로는 해결되는 것이 아무것도 없을 때 당당하게 소비자로서 요청해 보자.

I need to speak with a manager.

책임자와 이야기하고 싶어요.

> ▶ 컴플레인을 위해 책임자 대면을 요청할 수도 있다.
> 단순히 문제 상황을 알리는 것을 넘어서 제대로 된
> 해결 요청을 위해 '책임자 나오라고 해!'라고
> 요청해 볼 수 있다.

I want a refund if this issue cannot be resolved.

이 문제가 해결되지 않는다면 환불받고 싶어요.

> ▶ 정말 일분일초가 소중한 여행 시간 동안
> 문제 해결만을 기다리는 것이 능사는 아닐 수 있다.
> 빠르게 환불을 요청하고 다음 대안을 찾는 것이
> 더 빠를 수 있다. refund(환불)라는 단어를
> 기억하자.

I can prove my payment.

결제 내역을 증명할 수 있어요.

> ▶ 돈을 내고 이용하는 유료 서비스의 경우 혹은
> 환불/교환에 문제가 생긴 경우 나의 결제 내용을
> prove(증명하다)할 수 있다.

I want to file a complaint.

불만을 제기하고 싶어요.

> ▶ 이 문장도 꽤 강한 컴플레인성 문장이다.
> 불만을 제기하고 싶으니 어떻게 하면 되냐는 식으로
> 질문할 수도 있다.

05 보상/대안 문의하기

"어떤 보상을 받을 수 있나요?"

문제에 대한 이의를 제기한 후 해결책이 보이지 않거나 마음에 들지 않을 때 다른 보상이나 대안을 요청하거나 어떤 대안이 있는지 물어볼 수 있다. 회사 측에서 제안하는 보상에 꼭 수긍할 필요는 없다는 점을 기억하자!

If so, what compensation can I receive?

그렇다면, 어떤 보상을 받을 수 있나요?

▶ 만약 일차적인 보상이 불가하다는 답변이 왔을 때 내가 어떤 보상을 받을 수 있는지 물어보는 것도 좋다. 잊지 말자, compensation(보상)!

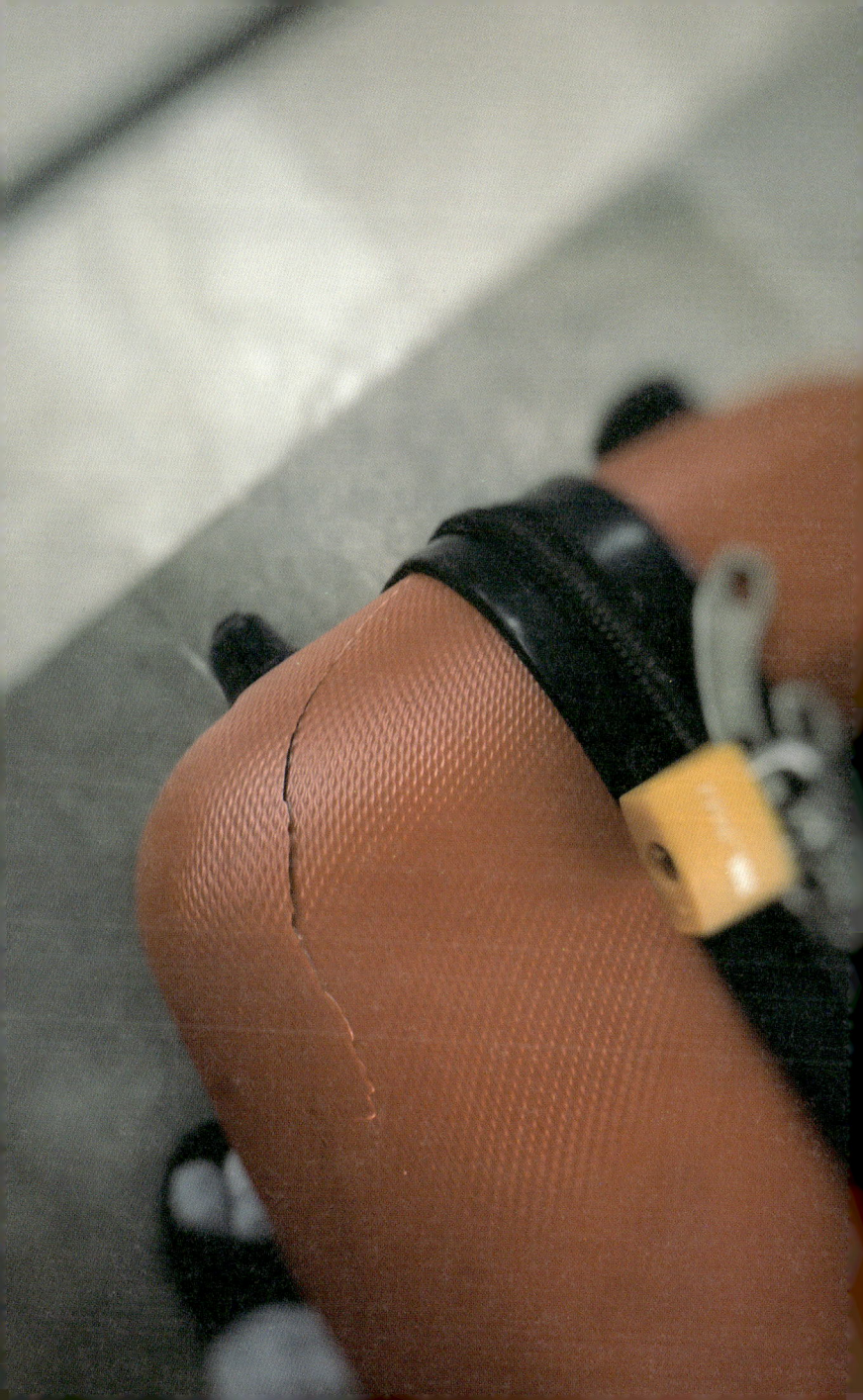

Can I get compensation for this?

이 건에 대해 보상을 받을 수 있나요?

▶ 보상에 대한 제안을 회사 측에서 먼저 해 주면
다행이겠지만, 아무 말이 없을 때 먼저 물어보자.

Is there an alternative[service/seat/room ~] available?

다른 대안[서비스/좌석/방 …]이 있나요?

▶ '보상'이라는 단어 대신에 '대안'이라는 단어를
사용하고 싶다면 이 문장이 딱이다!
alternative(대안)는 단독으로도
사용할 수 있다.

If this service is unavailable, can I get another seat?

이 서비스 이용이 안 된다면, 다른 좌석을 받을 수 있을까요?

> ▶ 가장 기본적인 보상은 동급의 다른 서비스로 제공받는 것! 상황에 따라 seat(좌석) 대신에 room, table, area 등 다른 단어를 넣어 보자.
> 바쁘면 뒤 문장만 바로 사용해도 된다.

Can I get additional benefits or amenities as compensation?

보상으로 추가 혜택이나 편의시설을 받을 수 있을까요?

> ▶ additional(추가적인)이라는 단어를 사용하여 보상으로 추가적인 무언가를 받을 수 있는지 물어보자. 동급의 서비스로 보상받았다고 하더라도 만족스럽지 못할 수 있기 때문이다.

Can I get an upgrade?

업그레이드 받을 수 있을까요?

> ▶ 가장 흔한 보상/대안 중 하나인 업그레이드를
> 요청하는 표현이다. 다양한 상황에서 사용 가능하니
> 숙지해 두자. Can I upgrade my [room/seat ~]?
> 이라고 말해도 된다.

Can I receive a complimentary meal or amenity?

무료 식사나 부가서비스를 제공받을 수 있을까요?

> ▶ complimentary는 여기서 '칭찬하는'이 아닌
> '무료의'라는 뜻이다. 무료 식사나 어메니티를
> 요청해 볼 수 있다.

Can I reschedule my booking?

혹시 예약 일정을 변경할 수 있을까요?

▶ 보상/대응이 확실치 않을 경우 차라리 예약을 변경하는 것이 나을 수도 있다. reschedule(일정을 변경하다) 대신에 그냥 change라고 해도 알아듣는다.

Can you arrange transportation to that place?

거기까지 갈 교통 수단을 마련해 주실 수 있나요?

> ▶ 보상/대안을 제안받다가 본의 아니게
> 다른 장소로 이동하게 될 수도 있다. 그럴 때는
> 직접 이동하는 것도 좋지만 transportation(탈것)을
> arrange(마련하다)해 줄 수 있는지 물어보자.

Can you provide details about the compensation options?

보상 옵션에 대해 자세히 설명해 주실 수 있나요?

> ▶ 보상/대안을 제안 받았을 때 그에 대한
> 자세한 설명을 요청해 보자.

06 원하는 바 요청하기

"이렇게 해 주세요."

우리는 직접 원하는 것을 요청할 권리가 있다. 아래 표현들은 문제 상황이 아니더라도 무언가를 요청할 때 사용할 수 있는 표현들이니 매우 유용하다. 기억하자! 도움은 구하는 자에게 온다.

I would like to [동사] ~.

[동사]하고 싶습니다.

> ▶ 어떤 행동을 요청하는 기본적인 표현이니 꼭 숙지하자. <I want to [동사] ~>는 매우 직설적인 표현이라 want보다는 would like가 더 자주 사용된다.

I would appreciate that ~.

그렇게 해 주시면 감사하겠습니다.

▶ I would appreciate ~는 '…를 해 준다면 감사하겠다' 라는 교양 있는 영어 표현이다.
보상/대안에 대한 대화는 분위기가 유쾌하진 않을 테니 쿠션 멘트로 써보자.

I would like to change my [seat/room/order/reservation ~].

[좌석/방/주문/예약 …]을 바꿔 주세요.

▶ 무언가를 바꿔 달라고 요청하고 싶을 때 change를 사용하면 된다.

I would like to get an upgrade for my [~].

제 […]를 업그레이드 해 주세요.

▶ 동급의 다른 대안이 없을 때 업그레이드도 대안이 될 수 있다. 특히 비행기에서 오버부킹 등과 관련하여 이런 일이 흔하니 과감하게 요구해 보자! 안 돼도 본전이다.

I would appreciate compensation or a voucher for future use.

향후 이용을 위한 보상이나 바우처를 받으면 감사하겠습니다.

▶ 지금 받을 보상/대안이 없을 때 미래의 것을 요청할 수도 있다. 영미권에서 바우처는 상품권 같은 개념이니 참고하자.

Can you help me with booking [~]?

[…]의 예약을 도와주실 수 있나요?

> ▶ 갑작스럽게 추가로 예약을 해야 하는 상황이 생겼을 때 혼자 다 하려고 하면 막막할 수 있다. 직원에게 편하게 도움을 요청해 보자.

Can you hold my luggage for a moment?

제 짐을 잠시 맡아 주실 수 있나요?

> ▶ 문제 상황에 짐까지 있다면 정말 번거롭다. 이것저것 요청하는 김에 짐도 맡아 달라고 요청해 보자. '맡다'는 hold를 사용하면 된다.

Can I borrow [~] instead?

대신에 […]를 빌릴 수 있을까요?

▶ 보상/대안이 시원치 않게 끝난 경우 꿩 대신 닭으로 다른 제품/서비스 대여를 요청해 보자. borrow를 사용하면 된다.

Can you show me how to use [~]?

[…]를 어떻게 사용하는지 알려 주실 수 있나요?

> ▶ 뭔가를 받았는데 도무지 어떻게 사용하는지 모르겠을 때 혼자 끙끙 고민하지 말고 물어보자!

I would like to extend my stay for 2 nights.

숙박을 2박 연장하고 싶어요.

> ▶ 제품/서비스의 이용을 연장하고 싶을 때 extend (연장하다)를 사용하면 된다.

07 실망 표현하기

"정말 당황스럽네요."

제안된 보상이나 대안이 마음에 들지 않을 때나 문제가 해결되지 않을 때, 터져 나오는 실망감과 당혹감을 막을 수 없을 때가 있다. 그럴 때 쓰는 표현과 바로 감정을 표현하기 전에 쿠션 멘트로 쓸 수 있는 문장으로 제대로 나의 화를 전달해 보자.

I get what you're saying, but ~.

무슨 말인지는 알겠습니다만, ….

▶ get은 '~를 얻다, 얻게 되다'는 뜻을 가진 동사이고, 이 문장에선 '이해한다'는 의미다. 격식을 차리지 않는 캐주얼한 대화에서 understand 대신 자주 쓰인다.

I'm very [disappointed/frustrated] about this.

이 일에 대해 굉장히 실망했습니다.

> ▶ disappointed(실망한), frustrated(답답한, 불만스러운)는 유감을 표현할 때 가장 자주 사용되는 형용사이다.

I'm not satisfied with this solution.

이 해결책이 만족스럽지 않네요.

> ▶ be not satisfied(만족스럽지 않다)를 사용하여 직접적으로 보상/대안책이 만족스럽지 않음을 표현해 보자.

I'm not happy with your suggestion.

당신의 제안이 반갑지 않네요.

> ▶ 복잡하다면 not happy와 같은 쉬운 표현을 사용하여 불만을 표현할 수 있다. 유치한 표현이 아니니 그냥 써보자.

This solution doesn't really help me.

이 해결책은 저에게 그리 도움이 되지 않네요.

> ▶ 쉬운 동사 help를 부정문에 사용하여
> 도움이 크게 되지 않는 상황을 표현해 보자.

I don't think it will work for me.

저에게는 맞지 않을 거 같아요.

▶ 이 문장에서 work는 '일하다'가 아닌 '잘 맞다'라는 의미의 표현이다. 제안 받은 보상/대안이 나에게 스케줄 등의 이유로 맞지 않을 경우 솔직하게 말하자.

I'm very busy. I don't have time for this.

전 매우 바쁩니다. 이럴 시간이 없어요.

> ▶ 늦은 처리에 불만을 표현하면서 빠른 해결을 독촉할 수 있는 표현이다.

Thank you for the effort, but ~.

노력해 주셔서 감사합니다만, ….

> ▶ Thank you for ~ 만큼 회화에서 자주 쓰는 표현도 없다. but 뒤에서부터 하고 싶은 말을 하면 된다. '감사하지만, …가 실망스럽다'는 표현을 부드럽게 할 수 있다.

I appreciate the suggestion, but ~.

제안은 감사드립니다만, ….

> ▶ I appreciate는 thank you보다 격식을 차리는
> 표현으로 공적인 자리에서 많이 쓰인다.
> 실망한 부분을 표현하기 전에
> 우선 감사함을 말할 때 사용해 보자.

I am grateful for your help, but ~.

도와주셔서 감사합니다만, ….

> ▶ grateful은 '감사하는'이라는 의미의 형용사로
> 보통 뒤에 for ~가 함께 온다. Thank you for ~보다
> 조금 더 예의를 갖추고 싶다면 사용해 보자.

08 거절하기

"제가 원하는 건 그게 아니에요."

제안된 보상이나 대안이 나에게 적합하지 않을 때 거절할 수 있다. 거절하는 표현은 문제 상황뿐만 아니라 다양한 상황에서 필요할 수 있으니 숙지해 두면 분명 도움이 될 것이다. 또한 직접적인 거절 표현 외에도 다른 대안 제시를 요청하여 완곡하게 거절 의사를 나타내는 방법도 있다. '실망 표현하기'의 표현들과 함께 사용하는 것이 효과적이다.

I'm sorry, but I'll have to decline.

죄송하지만, 거절하겠습니다.

> ▶ 특히 영어권 나라는 무언가를 거절할 때 앞에 쿠션 멘트를 꼭 넣는 경향이 있다. 우리도 바로 거절하기(decline) 전에 '죄송하지만'이라는 말을 해보자.

Unfortunately, I have to say no to that.

죄송하지만, 거절해야 될 거 같네요.

> ▶ unfortunately는 '불행히도'라는 뜻인데,
> 여기서는 '죄송하지만' 정도로 의역 가능하다.
> 완곡하게 거절하고 싶을 때 앞에 붙여 보자.

Apologies, but I have to pass on that.

죄송하지만, 그건 패스하겠습니다.

> ▶ apology는 '사과'라는 뜻이다.
> 양해의 말을 구할 때 사용할 수 있다.
> pass on은 여기서 '사양하다' 정도로 해석할 수 있다.

That's not what I want.

그건 제가 원하는 것이 아니네요.

> ▶ 이 문장은 통으로 암기하고 뒤에 동사만 상황에 따라 바꿔 주면 정말 다양한 상황에서 사용할 수 있다.

This isn't what I asked for.

그건 제가 요청했던 것이 아니에요.

> ▶ ask for는 '요청하다'라는 뜻이다. 과거형을 사용하여 '요청했던 것이 아니다'라고 말한 문장이다. 나의 니즈에 맞지 않을 때 솔직하게 표현해 보자.

That's not acceptable.

그건 받아들일 수 없어요.

▶ not acceptable(용납할 수 없는)을 사용하여 강하게 거절할 수 있다.

I expected better.

더 나은 대안을 기대했는데요.

> ▶ 제안 받은 보상/대안이 마음에 들지 않을 때 쓸 수 있다. 다른 제안 요청도 의미할 수 있다.

Is there anything more you can do?

더 해주실 수 있는 게 없나요?

> ▶ Is there anything ~?은 어떤 제안 등을 거절당한 후 직원에게 다른 건 더 없는지 물어볼 때 자주 사용되는 표현이니 꼭 익혀 두자.
> '… 같은 건 없나요?'라는 의미가 담겨 있다고 볼 수 있다.

Can you [offer/suggest] something else?

다른 제안을 부탁드려요.

> ▶ offer 혹은 suggest는 '제안하다'라는 뜻이다.
> something 뒤에 else가 붙으면 '무언가'가
> 아니라 '다른 무언가'라는 의미로 바뀌니 참고하자.

Do you have any better options?

더 좋은 옵션이 있나요?

> ▶ Do you have any ~? 또한 거절할 때뿐만 아니라
> 무언가를 요청할 때 자주 사용된다.
> 호텔/카페/식당에서 자주 사용되는 필수 문장이니
> 기억하자.

09 환불/교환 요청하기

"그냥 환불해 주세요."

상황이 원하는 방향으로 흘러가지 않을 때 결국 최후의 카드는 역시 환불이나 교환일 것이다. 정당한 소비자의 권리임에도 이 요청은 항상 불편하고 입이 잘 안 떨어진다. 이제 걱정 말자. 아래 문장들을 그냥 읽어 보자! '실망 표현하기'의 표현들과 함께 쓰면 더 효과적이다.

I would like a refund.

환불 받고 싶습니다.

▶ refund(환불; 환불하다)는 무조건 알아야 하는 단어이다. 이미 한바탕 스트레스를 받은 상황이라면 직설적으로 I want를 사용해도 된다.

I would like to exchange this.

이거 교환하고 싶습니다.

> ▶ '교환하다'는 동사 exchange를 사용하면 된다. 뒤에 교환 대상 제품을 넣어 보자.

How do I deal with the price difference?

차액은 어떻게 하면 되나요?

> ▶ 교환 요청 시 차액(price difference)이 발생할 수 있다. deal with는 '딜을 하다'가 아닌 '처리하다'이니 참고하자.

Will the price difference be refunded?

차액은 환불해 주시나요?

▶ 처음 구입한 것보다 교환 받는 제품이 더 저렴할 경우 차액은 받아야 한다. 이 점에 대해 미리 문의해 보자.

I would like a refund immediately.

즉시 환불해 주세요.

> ▶ 여기서부터는 굉장히 직설적이고 강한 표현들이니 참고하자. immediately(즉시)라는 부사를 사용해서 더 강하게 환불을 요청할 수 있다.

What I want is a full refund.

전액 환불만 원합니다.

> ▶ refund 앞에 full을 넣으면 전액 환불을 의미한다.

I'm done with trying. I request a refund now.

이제 지치네요. 지금 환불해 주세요.

> ▶ 환불은 최후의 보루인 경우가 많다. 이미 그 앞에서 수많은 해결 방안 협의가 오고 갔을 테니 더 타협할 마음은 없다는 표현과 함께 강하게 환불을 요구해 보자.

Enough is enough. Give me my money back immediately.

이제 충분해요. 제 돈을 즉시 돌려주세요.

▶ refund라는 단어 대신에 보다 직설적이고 직접적으로 Give me my money back.(돈을 돌려달라.)라는 표현을 사용할 수도 있다.

I won't leave until I have my money back in my account.

내 계좌에 돈이 들어올 때까지 떠나지 않을 겁니다.

> ▶ leave는 '떠나다'라는 동사로 '난 …할 때까지(until) 가지 않겠다'는 말이다. 정말 최후의 수단으로 사용할 말이니 남용하지 않도록 주의하자.

I won't leave without a full refund.

전액 환불이 되지 않으면 떠나지 않을 겁니다.

> ▶ '… 없이(without)는 가지 않겠다'는 말로 이런 문장들은 사용할 일이 없는 것이 제일 좋지만, 여행은 어떻게 될지 모르기 때문에 알아 둬서 나쁠 건 없다.

10 감사 표현하기

"정말 감사합니다."

일하시는 분도 사람이니 예쁜 말을 해 주는 사람에게 하나라도 더 챙겨 주고 싶은 마음이 드는 것이 당연지사! 그 분도 고생을 하고 있을 테니 중간중간에, 그리고 일이 잘 마무리 되었을 때 감사 표현을 잊지 말자.

Thank you for your help.

도와주셔서 감사합니다.

> ▶ 영어 왕초보자도 알고 있는 표현 '땡큐!'만 하고 끝내는 것도 좋지만, 뒤에 for ~만 붙여 줘도 더 교양 있는 감사 표현으로 변신한다.

Thank you for your assistance.

지원해 주셔서 감사합니다.

> ▶ assistance는 '지원, 도움'이라는 뜻이다.
> 앞의 문장보다 격식 있는 상황에 전문적인 느낌으로
> 사용되는 문장이다.

Thanks for being understanding.

이해해 주셔서 감사합니다.

> ▶ be understanding에는 '이해한다'라는
> 행위 자체보다는 '이해하려는 태도, 마음가짐'의
> 의미가 포함되어 있는 말이다. 여행하다 보면
> 이런 태도에 마음이 녹을 때가 있다.

I can't thank you enough.

어떻게 감사를 드려야 할지.

> ▶ 단순히 '땡큐!'를 외치는 것보다
> 배로 감사한 마음을 표현하는 말이다.
> 이보다 더 감사할 수 없다는 마음을 전달하고
> 싶을 때 써 보자.

I really appreciate it.
정말 감사합니다.

▶ Thank you. 말고 다른 표현을 찾는다면 이거다. 보다 교양 있고 격식 있는 표현이다.

I really appreciate your effort.
노력에 정말 감사해요.

▶ Thank you.가 '고마워.' 정도의 느낌이라면 appreciate는 '감사합니다'의 느낌이다. 뒤에 목적어를 넣으면 된다.

I'm grateful for your support.
지원에 감사해요.

▶ grateful은 '감사하는'의 형용사로 격식 있는 단어이니 사용해 보자.

That will be [wonderful/awesome ~].

그래 주시면 정말 좋죠.

> ▶ '그래 주시면 감사하겠습니다.' 느낌의 문장들로,
> 아직 문제 해결이 되진 않았지만
> 직원이 문제 해결을 위한 제안을 해 주거나
> 노력하는 모습을 보일 때 사용하면 정말 좋은
> 표현들이다.

If you could do that for me, I would really appreciate it.

그래 주시면 정말 감사하겠습니다.

> ▶ 동사 appreciate가 쓰인 앞 문장과는 다르게 시제가 달라진 점을 확인하자. 아직 일어난 일은 아니지만 정말 '감사할 것이다'의 의미로 사용되는 문장이다.

That would mean a lot to me.

그러면 정말 감사할 것 같아요.

> ▶ '나에게 정말 의미 있을 것이다.'라는 표현으로 단순 감사 표현을 떠나서 감동까지 표현할 수 있는 좋은 문장이다.

PART 2

실전 문제해결 시츄에이션 50

NO PANIC TRAVEL ENGLISH

해외여행 중에 무조건 만나게 될 문제 상황 50개를 뽑았다. 저자인 내가 직접 겪었던 상황들을 모았고 그 난감한 상황을 독자분들도 간접적으로 경험할 수 있도록 썼다. 마치 내가 그 상황을 겪는 것처럼 시뮬레이션을 통해 Part 1에서 익힌 표현을 활용해 보자.

01 항공권

항공권 예약 취소하기/확인하기

'취소를 해야 하나…?' 항공권 예약을 한 후 예상치 못한 일이 생기면 부득이하게 예약을 취소해야 할 때가 있다. 취소까지는 아니더라도 예약 내역을 미리 확인해 두는 것이 좋으니 해외 항공사라도 꼭 예약 확인을 해 두자. 그리고 어쩔 수 없이 취소해야 하는 상황이면 다음 표현들을 활용하여 취소를 요청해 보자.

Could you please confirm my flight reservation?

제 비행기 예약을 확인해 주실 수 있나요?

> ▶ confirm은 '확인하다'라는 뜻으로 예약을 확인하거나 어떤 약속/계획/계약 등을 진행할 때 공식적으로 확인 절차를 밟는 행위를 나타낸다.

I'd like to verify my seat number, please.

제 좌석 번호를 확인해 주세요.

> ▶ verify도 confirm과 비슷하게 공식적인 상황에서 쓰이는 동사이니 외워 두고 사용하면 좋다. 항공권뿐만 아니라 이동 수단의 좌석 번호, 호텔의 방 번호 등의 확인에 대해서도 사용될 수 있다.

I need to cancel my flight. What is the procedure?

제 항공편을 취소해야 해서요. 절차가 어떻게 되죠?

> ▶ '취소하다'는 영어로 cancel이다.
> 철자를 cancle로 헷갈리기 쉬우니 주의할 것.
> 절차를 물어볼 때는 procedure라는 단어를
> 사용하면 된다.

Is there a cancelation fee?

취소 수수료가 있나요?

> ▶ cancel의 명사형은 cancelation이다.
> 취소 수수료를 영어로 cancelation fee라고 하는데,
> 물어보지 않고 진행할 경우 큰 금액을 계산하게
> 될 수도 있으니 따로 안내를 안 해 준다면
> 먼저 물어보자.

Airline Ticket

Tina's Suggestion

Me	Excuse me. **Could you please confirm my flight reservation?**
Staff	Certainly. May I have your name and reservation code?
Me	It's Kim Minho, and the code is HJ7QP9.
Staff	Thank you, Mr. Kim. I have confirmed your booking to Incheon. Anything else I can do for you?

· ·

Me	Hello. **I'd like to verify my seat number.** My reservation code is OZ7850.
Staff	Of course, sir. Just a minute, please. You're in seat 21A.

· ·

Me	I'm sorry, **but I need to cancel my flight. What is the procedure, and is there a cancelation fee?**
Staff	To cancel the flight, you can either do it online using our website, or I can help you here. There is a cancelation fee of $200.

나	실례합니다. 제 비행기 예약을 확인해 주실 수 있나요?
직원	물론입니다. 이름과 예약 코드를 알려 주시겠어요?
나	이름은 김민호이고, 코드는 HJ7QP9입니다.
직원	감사합니다, 미스터 김. 인천행 예약이 있는 것으로 확인됩니다. 도와드릴 것이 또 있을까요?

. . . .

나	안녕하세요. 제 좌석 번호 확인을 원합니다. 제 예약 코드는 OZ7850입니다.
직원	물론입니다. 잠시만요. 21A 좌석입니다.

. . . .

나	죄송하지만, 제 항공편을 취소해야 해요. 절차가 어떻게 되며, 취소 수수료가 있나요?
직원	항공편 취소는 웹사이트를 이용해 온라인으로 하시거나, 제가 여기서 도와드릴 수 있습니다. 취소 수수료 200달러가 있습니다.

01 항공권

공항에 도착했는데
항공편이 지연됐다

'비행기가 지연됐다고?!' 왜 슬픈 예감은 틀린 적이 없는지… 한국으로 돌아가는 비행기가 2시간 지연이 됐다. 지금은 2시간이라고 하는데 나중에 4시간이 될 수도 있는 법이다. 얼른 항공사 직원에게 상황을 확인해 보자. 긴급한 상황이라면 대체 항공편 요청까지 해야 하니 주저하지 말고 다음 문장을 써보자

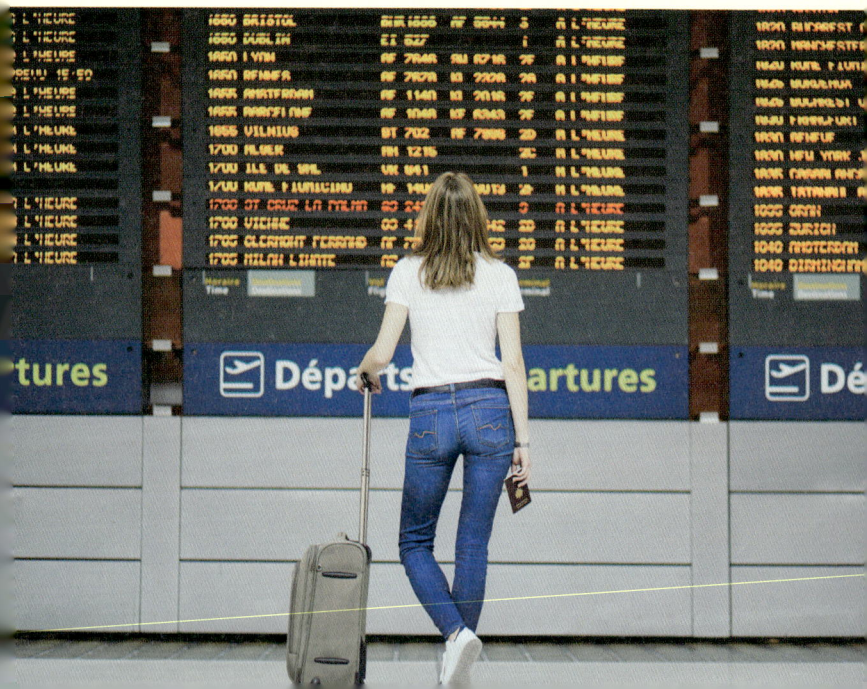

Excuse me. Is my flight delayed?

실례합니다. 제 항공편이 지연된 건가요?

> ▶ 항공편이 지연될 때 핵심어는 delayed이다.
> My flight delayed?만 써도 의미가 통하니
> 과감하게 써 보자.

Do you know when it might leave?

언제 출발하는지 아시나요?

> ▶ 항공편 지연이 확인되었다면 정확한 스케줄
> 확인은 필수. 추후 여행 보험의 보상을 받을 수
> 있는지 여부도 알 수 있으니 꼭 물어보자.
> '출발하다'를 go가 아닌 leave를 쓰는 것이 핵심.

Can I just wait here?

여기서 그냥 기다리면 되나요?

▶ 어떤 변동사항이 있을지 모르니 상황 확인 질문은
필수이다. 대기 장소와 예상 시간을 꼭 확인하자.

Can I get an alternative flight? I'm in a hurry.

대체 항공편을 이용할 수 있나요? 급해서요.

▶ '대체의'라는 뜻의 alternative를 기억하자.
혹시 어렵다면 another flight(다른 항공편)이라고
돌려 말할 수 있다.

Tina's Suggestion

~~~~~~

Me — **Excuse me. Is my flight delayed?**

Staff — Yes, I'm afraid your flight has been delayed due to weather conditions.

Me — **Do you know when it might leave?**

Staff — We're currently assessing the situation. It's hard to give an exact time at the moment.

Me — **Can I just wait here?**

Staff — Yes, you can wait here in the terminal. We'll keep you updated on any changes.

Me — **Can I get an alternative flight? I'm in a hurry.**

Staff — I understand your urgency. Let me check if there are any available alternative flights for you.

나	실례합니다, 제 항공편이 지연된 건가요?
직원	네, 날씨 상황 때문에 항공편이 지연되었습니다.
나	언제 출발할지 아시나요?
직원	현재 상황을 확인 중입니다. 현재로서는 정확한 시간을 말씀드리기 어렵습니다.
나	여기서 그냥 기다리면 되나요?
직원	네, 이 터미널에서 기다리실 수 있습니다. 변경 사항이 있으면 알려 드리겠습니다.
나	대체 항공편을 이용할 수 있나요? 급해서요.
직원	급하신 상황인 거 알겠습니다. 이용하실 수 있는 대체 항공편이 있는지 확인해 볼게요.

01 **항공권**

공항에 도착하기 전
항공편이 결항됐다

'해당 항공편이 취소되었습니다.' 여행 하루 전 청천벽력 같은 알림이 왔다! 이럴 수가… 얼른 동행자에게 이 소식을 알리고 머리를 쥐어뜯는다. 빨리 정신 차리고 항공사에 이메일을 보내 대체 항공편을 안내받자. 해외 항공사라면 아래 표현들을 그대로 사용해서 보내면 된다!

My flight [항공편 번호], scheduled for [항공편 날짜], has been canceled.

[항공편 날짜]에 예정되었던 내 [항공편 번호] 비행기가 취소되었습니다.

▶ 내가 결항된 항공편의 승객이라는 점,
그리고 어떤 항공편에 대한 문의인지를 처음부터
명확하게 전달하는 것이 핵심이다.

Can I please get an alternative flight quickly? I really need to get to [목적지] on time.

대체 항공편을 빠르게 받을 수 있을까요?
꼭 제시간에 [목적지]에 도착해야 해서요.

▶ 핵심 단어인 대체 항공편은 영어로 alternative
flight이다. 빠르게 받을 수 있는지 문의해 보자.
내가 꼭 제시간에(on time) 도착해야 한다는 점도
강조해 보자.

Here are my booking details:
[승객 영문명/ 항공 예약 번호/ 항공편 번호].

다음은 제 예약 세부 정보입니다:
[승객 영문명/ 항공 예약 번호/ 항공편 번호].

▶ 해외 항공사라면 이메일 한 통을 주고 받는 게 오래 걸릴 수 있다. 최대한 한 번에 해결할 수 있도록 필요한 모든 정보를 전달하자.

I'm very frustrated by the cancelation and the inconvenience, and I hope we can find a solution soon.

결항으로 불편해져 정말 속상합니다. 빠른 해결을 희망합니다.

▶ 필수 문장은 아니지만, 나의 기분이 많이 언짢으며 빠른 해결을 희망한다는 교양 있는 컴플레인 한 마디를 마지막에 넣어 주면 완성도가 높아진다.

Airline Ticket

Tina's Suggestion

~~~~~~

Subject: Urgent Request: Alternative Flight Needed

Dear Delta Airlines Customer Service Team,

I hope this email finds you well. **My flight, DL123, scheduled for February 21, 2024, has been canceled. Can I please get an alternative flight quickly? I really need to get to New York on time. Here are my booking details:**

- My Name: Eunbi Kim
- Reservation Number: ABC123
- Flight Number: DL123

I'm very frustrated by the cancelation and the inconvenience, and I hope we can find a solution soon.

Thank you for your help. I look forward to hearing from you soon.

Best regards,
Eunbi Kim

제목: 긴급 요청: 대체 항공편 필요

델타 항공 고객 서비스 팀 관계자 님,

이 이메일이 당신에게 잘 전달되었기를 바랍니다. 2024년 2월 21일로 예정되어 있던 제 항공편 DL123이 취소되었습니다. 빠른 대체 항공편을 부탁드릴 수 있을까요? 저는 정말 시간에 맞춰 뉴욕에 도착해야 합니다. 예약 상세 정보는 다음과 같습니다:

- 이름: 김은비
- 예약 번호: ABC123
- 항공편 번호: DL123

취소와 그에 따른 불편으로 인해 매우 당황스럽지만, 조속히 해결책을 찾을 수 있기를 바랍니다.

도움을 주셔서 감사합니다. 곧 연락 받기를 기다리겠습니다.

감사합니다,
김은비 드림

01 항공권

공항에 도착했는데 항공편이 결항됐다
(대체 항공편 요청하기)

'지연도 아니고 결항이요?!' 출국이 몇 시간 남지도 않았는데…! 게다가 난 이미 공항이라고…. 하지만 좌절하기엔 이르다! 얼른 항공사 카운터에 가서 자초지종을 물어보고 대체 항공편을 안내 받고 컴플레인을 걸어 보상을 받아 보자!

Excuse me. I think my flight got canceled.

실례합니다. 제 항공편이 취소된 것 같아서요

> ▶ 문의를 시작할 때 다짜고짜 본론에 들어가는 것보다
> Excuse me.로 시작하는 것을 잊지 말자!
> 정 급하다면 My flight canceled!라고
> 외쳐도 이해할 것이다.

Can you please find me an alternative flight?
I have to be in [목적지] on schedule.

대체 항공편을 찾아 주실 수 있을까요?
제가 [목적지]에 예정대로 가 있어야 해서요.

> ▶ 대체 항공편 요청과 급한 상황임을 알리면
> 상황 해결에 힘써줄 것이다.

Can you please check other flights with partner airlines?

혹시 제휴 항공사의 다른 항공편을 확인해 주시겠어요?

> ▶ 대체 항공편이 마음에 들지 않을 경우 제휴 항공사(partner airlines)의 항공편도 제공받을 수 있다. 대부분 승객이 요청해야 알아봐 주므로 꼭 요청해 보자.

That would be appreciated.

그래 주시면 감사하겠습니다.

> ▶ 항공사 직원들도 사람인지라 예쁘게 말하는 사람에게 더 잘해주고 싶어 할 것이다. 감사 표현을 잊지 말자.

raussicht	Gate	de...
timated		20.04.
		cancelled
		cancelled
		cancelled
		cancelled
		cancelled
		cancelled
		cancelled
		cancelled
		cancelled
		*********

Tina's Suggestion

Me — **Excuse me. I think my flight got canceled.**

Staff — Let me check on that for you. Yes, I see here that your flight has indeed been canceled. I apologize for the inconvenience.

Me — **Can you please find me an alternative flight? I have to be in Seattle on schedule.**

Staff — I'm afraid all alternative flights for today are fully booked.

Me — What? **Can you please check other flights with partner airlines?**

Staff — Well, I'll look into partner airline flights as well and see if there are any available options.

Me — **That would be appreciated.**

나	실례합니다. 제 항공편이 취소된 것 같아서요.
직원	확인해 보겠습니다. 네, 여기 보니까 항공편이 취소된 게 맞네요. 불편을 드려 죄송합니다.
나	대체 항공편을 찾아 주실 수 있을까요? 제가 꼭 시애틀에 제시간에 도착해야 해서요.
직원	죄송합니다만, 오늘 대체 항공편은 모두 예약 마감되었습니다.
나	네? 혹시 제휴 항공사의 다른 항공편도 확인 가능할까요?
직원	제휴 항공사의 항공편도 확인해 보고 가능한 옵션이 있을지 볼게요.
나	그렇게 해 주시면 감사하겠습니다.

01 항공권

항공권 예약 시
이름을 잘못 입력했다

'망했다…' 항공권 예약 내역을 확인했는데 아뿔싸… 이름을 잘못 입력했다. 간혹 이런 사람들이 있다고 하던데 그게 나라니… 빨리 해결하지 않으면 비행기를 못 타게 될 수 있으니 얼른 항공사 직원에게 문의하자.

Hi, I've made a mistake on my booking. I need to correct my name.

안녕하세요, 제가 예약할 때 실수를 한 가지 해서요.
이름을 정정해야 합니다.

▶ '예약(booking) 중에 실수(mistake)를 했다'라는 말로 시작하자. 이는 항공권 예약뿐만 아니라 다양한 상황에서 사용될 수 있는 문장이다. '정정하다'는 영어로 correct이다.

How can I change the name on my ticket?

제 티켓에 있는 이름을 어떻게 변경할 수 있나요?

▶ 티켓 위에 쓰여진 이름이기 때문에 전치사는 on을 사용하는 것이 자연스럽다.

Is there a fee to change the name on the reservation?

예약에 있는 이름을 변경하는 데 수수료가 있나요?

> ▶ 수수료를 이야기할 때는 fee라는 명사를 사용하면 된다. '항공권 예약 취소하기/확인하기' 상황에서는 취소 수수료를 물어봤지만, 여기서는 변경 수수료이기 때문에 cancel이 아닌 change라는 동사를 쓴다.

What documents do I need to provide?

어떤 서류를 제출해야 하나요?

> ▶ 보통 이런 경우 나의 신분을 증명하는 공문서나 신분증이 필요한 경우가 많다. 그럴 때 사용할 수 있는 단어는 document이다. '서류'라는 뜻으로 자주 사용되고 있으니 외워 두자.

Tina's Suggestion

Me	**Hi. I've made a mistake on my booking. I need to correct my name.**
Staff	I see. Can you please provide the correct name and your booking number?
Me	My name is Kim Minho, but it was entered as Kim Mihno. The booking number is JN2P3R.
Staff	Thank you. Yes, I see your reservation details here, and you're right. Your name was entered as you said.
Me	**How can I change the name on the ticket? And is there a fee to change the name on the reservation?**
Staff	I can change your name here. There is a $30 fee for the name correction.
Me	**What documents do I need to provide for a name correction?**
Staff	You'll need to provide a scanned copy of your passport showing the correct name.

나	안녕하세요, 제가 예약할 때 실수를 하나 해서요. 이름을 정정해야 합니다.
직원	알겠습니다. 정확한 이름과 예약 번호를 알려 주시겠어요?
나	제 이름은 김민호인데, 김미노로 입력됐어요. 예약 번호는 JN2P3R입니다.
직원	감사합니다. 네, 여기 예약 내역이 보이는데, 말씀이 맞네요. 말씀하신 대로 이름이 입력되어 있네요.
나	티켓에 있는 이름을 변경할 수 있나요? 그리고 예약에 있는 이름을 변경하는 데 수수료가 있나요?
직원	제가 여기서 바꿔 드릴 수 있습니다. 이름 정정에는 30달러의 수수료가 있습니다.
나	이름 정정을 위해 어떤 서류를 제출해야 하나요?
직원	정확한 이름이 나와 있는 여권의 스캔본을 제출해야 합니다.

Tip 1 해외여행 보험은 꼭 들자

항공권 관련 문제 상황에 처했을 경우 상황에 따라 여행자 보험으로 보상을 받을 수 있다. 필자의 경우 출발 항공권이 결항되고 대체 항공편으로 받은 항공이 2시간이 지난 이후 시간이었기에 항공권 지연으로 서류 제출하여 그 시간 동안 공항에서 지출한 식비, 커피값을 모두 보상받았다.  아래는 카카오 여행자 보험의 해당 약관이다. 보험사의 약관은 수시로 변경되니 꼭 정확히 읽어 보고 가입해야 한다.

※ 보상을 받으려면 지출 증빙은 필수이다. 영수증도 없이 이 정도 소비했으니 달라고 조를 수는 없기 때문이다. 보상받고 싶은 지출 건에 대한 영수증과 항공권의 지연을 증명할 수 있는 서류들을 제출해야 한다.(기존 항공권, 변경 후 항공권, 결항 확인서, 여권 사본 등)

해외여행 중 항공기/수하물 지연 비용 특별 약관

보험금의 지급 사유

1. 회사는 피보험자가 해외여행 도중에 아래의 보험 사고로 인하여 추가적으로 부담한 비용 손해를 이 특별 약관의 보험 가입 금액 한도 내에서 보상합니다.
   ① 연결 항공편이 결항되었으며 실제 예정 시간의 4시간 내에 피보험자에게 대체적인 항공 운송 수단이 제공되지 못할 경우
   ② 항공편이 4시간 이상 지연, 취소되거나 또는 피보험자가 과적에 의해 탑승이 거부되어 예정 시간으로부터 4시간 내에 대체적인 수단이 제공되지 못하는 경우
   ③ 피보험자의 수하물이 항공편의 예정된 도착 시간으로부터 6시간 이내에 도착지(주거지는 제외합니다)에 도착하지 못하는 경우
   ④ 피보험자의 수하물이 손실되거나 피보험자가 목적지(주거지는 제외합니다)에 도착한 후 24시간 내에 등록된 수하물이 피보험자에게도 도착하지 못하는 경우(이 경우 해당 수하물은 영구적으로 손실될 것으로 간주합니다.)

구입 비용
2. 보험 사고로 인하여 회사가 보상하는 손해는 아래와 같습니다.
   ① 회사는 출발 또는 결항된 항공편에 대해 발생한, 합리적으로 필요하며 유효한 아래의 비용
   가. 식사, 간식 또는 전화 통화 비용
   나. 숙박비, 숙박시설에 대한 교통비, 수하물이 다른 항공편으로 출발한 경우 비상 의복 및 생활필수품의 구입 비용. 다만, 숙박이 필요한 경우에 한합니다.

   ② 피보험자에 대하여 예정된 도착지(주거지는 제외합니다)에 도착 후 비상 의복과 생활필수품 구입에 드는 비용
   ③ 피보험자에 대하여 예정된 도착지(주거지는 제외합니다)에 도착 후 120시간 내에 발생한 비상 의복 및 생활필수품의 구입 비용

- 국내 공항에서 출발하는 국제선 항공편(국내외 항공사들 모두 포함합니다)이 보험 증권에 기재된 지연 시간에 해당되는 출발 지연(이하 '출발 지연')이 발생한 경우

항공기 지연 사례
보험 증권에 기재된 지연 시간이 2시간 이상인 경우 출발 지연 적용 예시
유형 1: 항공편이 2시간 지연되어 출발하는 경우
유형 2: 항공편이 2시간 지연된 후 결항편으로 변경된 경우
유형 3: 항공편이 1시간 지연된 후 대체 항공편으로 변경되고 추가적으로 1시간 지연되어 총 2시간을 지연한 경우

- 보험 사고로 인하여 회사가 보상하는 손해는 아래와 같습니다.
  1. 피보험자가 실제로 지출한 공항 내에서의 식음료 비용(식당, 편의점 등)
  2. 피보험자가 실제로 지출한 공항 내에서의 편의시설 비용(라운지, 숙박 시설, 휴게 시설 등)

Tip 2 공정 거래 위원회가 고지한 소비자 분쟁 해결 기준

국제선 항공기 지연 보상

국제선 항공의 지연에 대한 보상은 비행 시간과 거리를 함께 기준으로 삼아 보상한다.

2~4시간 지연 시 운임료의 10%
4~12시간 지연 시 운임료의 20%
12시간 초과 지연 시 운임료의 30%를 배상해야 한다.

국제선 항공기 결항 보상

운항시간	대체편 제공 시간	보상 금액
4시간 초과	4시간 이내 대체편 제공	미화 최대 300달러 보상
	4시간 이후 대체편 제공	미화 최대 600달러 보상
	대체편 미제공	전액 환급 및 최대 600달러 보상
4시간 이내	4시간 이내 대체편 제공	미화 최대 200달러
	4시간 이후 대체편 제공	미화 최대 400달러
	대체편 미제공	전액 환급 및 최대 600달러 보상

- 승객이 대체편을 거부할 경우 전액 환불과 함께 대체편이 제공된 시간에 따라 위의 표에 맞춰 보상해야 한다.
- **예외의 경우**: 항공기 결함에 의한 불가피한 점검, 천재지변, 기상 악화 등의 경우는 배상 의무에서 제외된다. 따라서 항공사들은 이를 이용해 보상을 피하려 한다. 이에 대비하여 여행자 보험이 필수!
- **인생은 실전이다**: 항공사는 이런 보상 내용을 승객에게 알려 줄 의무가 없기에 굳이 나서서 알려 주지 않는다. 쉽게 말해서 적극적으로, 지속적으로 불편함을 어필하는 고객에게만 보상을 해 주는 것이다. 불합리하지만 내 권리는 내가 챙긴다! 잊지 말자.

22 Set — Partenze — 14:17

Orario	Destinazione	Vettore	Volo	Gate	Status
13:30	Asturias				
14:00	Milano Linate		FR 05828	A07	
14:00	Cairo		FB 01655	A33	
14:35	Madrid		MS 00792	E44	
14:35	Marseille		EY 03632	A37	
14:35	Copenhagen		AZ 04000	A41	
14:40	Amsterdam		SK 00602	A65	
14:40	Catania		MF 09575	A47	
14:40	Stuttgart		EY 02894	A31	
14:40	Belgrade		EW 02883	A62	Prev. 15:00
14:40	Dubrovnik		JU 00533	E12	Prev. 15:00
14:45	Madrid		LA 05817	A70	
14:50	Barcelona		IB 03233	A63	
14:50	Madrid		FB 01735	A32	
14:50	Istanbul - Saw		FR 09673	A06	
14:55	Frankfurt		AZ 07050	E42	Cambio Gate
14:55	Paris Orly		EY 02921	A34	
14:55	Frankfurt		EJU04816	A02	
15:00	Milano/Bergamo		UK 03033	A49	Prev. 15:15
15:05	Zurich		AEZ01202	A83	
15:10	London Heathrow		LX 01737	A	
15:15	Paris - Cdg		FB 01707	E14	Gate asseg
15:20	New York		MF 09579	A45	
15:25	Tokyo		AZ 00610	E24	Prev. 15:40
15:30	London Heathrow		AZ 00792	E19	
15:35	Brussels		JL 07148	E16	
15:40	Tenerife Sur		FB 01717	A44	
15:45	New York		W4 08283		
15:50	San Francisco		AM 03409	E23	Gate asseg
15:55	Podgorica		UA 00506	E39	Recarsi al b
16:00	Sofia		W4 08325	E38	
16:05	Prague		EY 02940	E	ato alle 14:20
16:10	Suceava		EW 04243	A	
16:15	Dubai		W4 03612	E	Gate asseg
16:20		Emirates	QF 08098	E	ato alle 14:20
					ato alle 14:20

Orario	Destinazione	Vettore	Volo	Gate	Status
15:30	Istanbul - Ist		PK 06068	A51	Gate asseg
15:35	Athens		KU 06207	A	Gate asseg
15:35	Kutaisi		W4 06420	E	ato alle 14:30
15:40	Cologne		EW 00587	A	Gate asseg
15:40	Hamburg		EW 07697	A	ato alle 14:20
15:50	Billund		LH 05726	A	ato alle 14:30
15:55	Munich		LH 01369	A	Gate asseg
15:55	Berlin		AZ 00141	A	ato alle 14:35
16:00	Amman		AZ 07004	A	ato alle 14:50
16:00	Milano Linate		FI 00563	A	ato alle 14:50
16:10	Reykjavik		EY 02346	A	ato alle 14:45
16:10	Munich		AA 04675	E	ato alle 14:45
16:15	London Heathrow		IB 02935	A	ato alle 15:10
16:15	Madrid		W6 08501	A	ato alle 14:55
16:15	Porto		FR 08501	A	ato alle 14:55
16:20	Bari		AZ 07236	A	ato alle 15:10
16:20	Riyadh		FR 01644	A	ato alle 15:15
16:30	Vienna		MH 09240	A	Gate asseg
16:35	Doha		LO 02206	A	ato alle 15:15
16:40	Warsaw Radom		AZ 00866	E	ato alle 15:40
16:55	Tunis		FR 05853	A	ato alle 15:40
16:55	Cork		W6 06287	A	ato alle 15:20
16:55	Tel Aviv		FB 01659	A	ato alle 15:20
17:00	Milano Linate		FR 03074	A	ato alle 15:40
17:00	Brindisi		KQ 03149	A	ato alle 15:40
17:05	Paris - Cdg		LA 05843	A	Gate asseg
17:05	Barcelona		XZ 02802	A	ato alle 15:45
17:05	Palermo		ET 04025	A	ato alle 15:45
17:15	Napoli		AT 09155	A	ato alle 15:55
17:15	Brindisi		AT 09190	A	ato alle 15:55
17:15	Catania		V7 01135	A	ato alle 15:55
17:15	Olbia		TP 07177	A	ato alle 16:00
17:20	Lamezia Terme		AT 09230	A	ato alle 16:00
17:20	Torino				

Relax... se il tuo gate di imbarco non è ancora disponibile,
non ti preoccupare, sarà annunciato presto

02 **공항**

공항에서
물건을 잃어버렸다

'야… 나, 지갑…' 공항에서 일행 중 한 명이 넋이 나간 얼굴로 이 말을 한다면 긴급 상황임이 틀림 없다. 유명 걸그룹 멤버의 공항 여권 분실 짤이 생각나는 상황. 비행기 탑승 시간까지 얼마 남지 않은 긴박한 상황이다. 얼른 공항의 안내 데스크를 찾아 문의해 보자.

Airport

Excuse me. I think I lost my wallet near the gate.

실례합니다. 제가 게이트 근처에서 지갑을 분실한 것 같아요.

> ▶ 무언가를 잃어버리거나 분실했을 때 사용할 단어는 lost(잃어버렸다)이다. 과거형으로 사용하는 걸 잊지 말자. 급하면 I lost my wallet!이라고 소리쳐 보자.

Is there a lost and found office here?

여기에 분실물 센터가 있나요?

> ▶ 안내 데스크에 없다면 공항에 따로 마련된 분실물 센터(a lost and found office)가 있는지 물어보자.

Can you see if someone found my lost wallet?

혹시 누가 제 잃어버린 지갑을 발견했는지 확인해 주실 수 있나요?

▶ 행운의 여신이 나의 편이라면 누군가가 찾아서
갖다줬을지도 모른다. 혹시 모르니까 물어보자.

Can you reach me if you find my wallet?

제 지갑 찾으면 연락 주실 수 있나요?

▶ 운좋게 나중에라도 내 분실물이 발견된다면
꼭 돌려받을 수 있게 정확히 나의 연락처를
남겨 두자. 해외의 경우 이메일 주소를
남기는 경우가 일반적이다. 추가로 해당 센터의
이메일 주소 등의 연락처도 받아 놓자.

Tina's Suggestion

Me	**Excuse me. I think I lost my wallet near the gate. Can you see if someone found my lost wallet?**
Staff	Oh, I'm sorry to hear that. Let me check if someone found it for you.

··· 잠시 후 ···

Staff	I'm sorry, but there haven't been any reports turned in yet.
Me	Ah... Thank you. **Is there a lost and found office here?**
Staff	Yes, there is a lost and found office located near the baggage claim area. You can inquire there about your lost item.
Me	Thank you for the information. **Can you reach me if you find my wallet?**
Staff	Absolutely. I'll make sure to contact you if your wallet is found. Could you leave your email address?

나	실례합니다. 게이트 근처에서 지갑을 잃어버린 것 같아요. 혹시 누가 제 잃어버린 지갑을 발견했는지 확인해 주실 수 있나요?
직원	아, 그러셨군요. 제가 지갑을 찾은 사람이 있는지 확인해 볼게요.

··· 잠시 후 ···

직원	죄송하지만, 아직 신고 들어온 건 없네요.
나	아… 그래도 감사합니다. 여기에 분실물 보관소가 있나요?
직원	네, 수하물 찾는 곳 근처에 분실물 보관소가 있어요. 분실물과 관련해서는 거기에 문의하시면 돼요.
나	알려 주셔서 감사합니다. 제 지갑을 찾으시면 연락해 주실 수 있나요?
직원	물론이죠, 지갑을 찾으면 꼭 연락 드릴게요. 이메일 주소를 남겨 주시겠어요?

02 공항

귀국 후 해외 공항 분실물 센터에 이메일 보내기

'아, 망했다.' 정말 절망스럽게도 한국으로 귀국 후 해외 공항(혹은 해외 항공기)에서 소지품을 분실했다는 것이 생각날 때가 있다. 이미 그 나라를 떠났기 때문에 가망이 없다고 생각할 수 있지만 절대 그렇지 않다. 포기하지 말고 아래 형식으로 해외 공항 고객 서비스 센터에 이메일로 문의해 보자.

Dear [공항 이름] Lost and Found Office

존경하는 [공항 이름] 분실물 센터에

> ▶ 보통 공항 내에서 발생한 분실물은 분실물 센터에서 관리한다. 영어로 Lost and Found Office/Center 를 사용하기 때문에 해당 부서로 보내는 이메일임을 앞부분에 나타내면 된다.

I am writing to report a lost item that I believe I left at [위치].

제가 [위치]에 두고 온 것 같은 분실물이 있어 이렇게 글을 씁니다.

> ▶ 이메일을 쓰는 목적을 나타내는 글이다.
> 바로 본문으로 들어가 내게 lost item이 있음을 설명하면 된다. 잃어버린 장소를 꼭 적어 줘야 하니 잊지 말고, 시간까지도 적어 두면 더 좋다.

The item is a [물건에 대한 설명], and it was last seen at [특정 장소].

분실물은 [물건에 대한 설명]이며, 마지막으로 [특정 장소]에서 보았습니다.

> ▶ 분실물에 대한 설명은 필수이다. 지갑, 시계, 여권, 가방 등 물건의 품목은 물론, 구체적인 설명(색상, 크기, 재질 등)까지 넣어 주어야 찾기가 수월하다. 마지막으로 언제 어디서 봤는지도 설명해 주자.

Please let me know the procedure to claim my lost item and any details required for identification.

분실물 확인 절차와 신분 확인을 위해 필요한 세부 정보가 있다면 알려 주시면 감사하겠습니다.

> ▶ 대부분의 공항과 항공사는 분실물의 주인을 확인하기 위한 절차를 가지고 있다. 그러니 그런 절차를 미리 알려 달라고 요청하여 필요한 서류들을 준비해 놓으면 빠르게 진행이 가능하다.

Tina's Suggestion

Subject: Assistance Needed: Lost Wallet Inquiry

Dear: LAX Airport Lost and Found Office,

I hope this message finds you well.

I'm Eunbi Kim, and I recently traveled through your airport on March 6, 2024, on flight DL123 to ICN (Seoul, Korea). Unfortunately, **I am writing to report a lost item that I believe I left at your airport.**

The item is a black leather wallet with some cards and cash inside, and it was last seen near Gate A12 while I was waiting to board.

Could you please let me know if my wallet has been found? **Please let me know the procedure to claim my lost item and any details required for identification.**

Thank you for your help. I look forward to hearing from you soon.

Best regards,
Eunbi Kim

제목: 도움 요청: 지갑 분실 관련 문의

LAX 공항 분실물 센터 관계자님께,

안녕하세요. 이 메시지를 잘 받으셨길 바랍니다.

저는 김은비이며, 최근 2024년 3월 6일에 귀하의 공항을 통해 DL123편으로 인천(서울, 한국)으로 여행했는데요. 안타깝게도, 제가 공항에 분실물을 두고 온 것 같아 신고하려고 이메일을 드립니다.

분실물은 안에 카드와 현금이 들어 있는 검은색 가죽 지갑으로, 탑승을 기다리는 동안 게이트 A12 근처에서 마지막으로 보았습니다.

제 지갑이 발견되었는지 알려 주실 수 있을까요? 분실물을 찾는 절차와 신분 확인을 위해 필요한 세부 사항을 알려 주세요.

도움을 주셔서 감사합니다. 곧 답변을 듣기를 기대하겠습니다.

감사합니다,
김은비 드림

02 공항

해외 공항은
왜 이리 복잡한가

'와… 왜 이리 넓냐…' 우리나라 인천 공항도 헷갈리는 마당에 해외 공항에 서 있노라면 여기는 어디이고 나는 누구인지 막막할 때가 있다. 게다가 시간이 많지 않다! 빨리빨리 움직여야 하는데 영어가 짧아서 물어보기도 민망하고… 하지만 이제 이 책이 있으니 걱정 말고 지나가는 직원을 붙잡고 물어보자.

Excuse me. Can you help me? I'm a bit lost.

실례합니다. 도와주실 수 있나요? 위치를 못찾겠어서요.

> ▶ 이제 눈치챘겠지만, Excuse me.는 모르는 사람에게
> 말을 거는 만능 표현이다.
> I'm lost.는 미아마냥 길을 잃은 상황뿐만 아니라
> 어디가 어딘지 헷갈리는 사소한 상황에서도
> 잘 사용된다.

I'm looking for the baggage claim area. Do you know where it is?

수하물 찾는 곳을 찾고 있습니다. 혹시 어딘지 아시나요?

> ▶ I'm looking for ~(…를 찾고 있다)는 장소를 찾을 때
> 뿐만 아니라 다양한 상황에서 사용되기 때문에 꼭
> 외워 두자!

In addition, where can I find a currency exchange counter?

그리고 환전소는 어디에서 찾을 수 있나요?

> ▶ Where can I find ~? 또한 Where is ~?만큼이나 자주 쓰이는 문장이며 조금 덜 직설적인 영어 표현이니 기억해 두자.

One more thing: where can I catch a taxi to the city center?

한 가지 더요, 도심으로 가는 택시를 어디서 탈 수 있나요?

> ▶ '한 가지 더요'라는 의미로 앞에 One more thing을 붙일 수 있다. 장소 자체보다 어떤 행위를 어디서 할 수 있냐고 묻고 싶을 때는
> <Where can I [동사] ~?>라고 하면 된다.

Tina's Suggestion

Me	**Excuse me. Can you help me? I'm a bit lost.**
Staff	Of course. How can I help you?
Me	**I'm looking for the baggage claim area. Do you know where it is?**
Staff	Sure! The baggage claim area is located just down this corridor. Follow the signs for "Baggage Claim."
Me	Thank you so much! **In addition, where can I find a currency exchange counter?**
Staff	You'll find the currency exchange counter just across from the information desk to your right.
Me	Great, thank you! **One more thing: where can I catch a taxi to the city center?**
Staff	You can catch a taxi outside the main entrance of the terminal building. There's usually a taxi queue there.
Me	Thank you for your help! I really appreciate it.

나	실례합니다. 도와주실 수 있나요? 위치를 못 찾겠어요.
직원	물론이죠. 어떤 도움이 필요하세요?
나	수하물 찾는 곳을 찾고 있습니다. 어딘지 아시나요?
직원	물론이죠! 수하물 찾는 곳은 이 통로 바로 저쪽에 있습니다. '수하물 찾는 곳' 표시를 따라가세요.
나	정말 감사합니다! 그리고 환전소는 어디에서 찾을 수 있나요?
직원	오른쪽에 있는 안내 데스크 바로 맞은편에 환전소가 있어요.
나	좋아요, 감사합니다! 한 가지 더요: 도심으로 가는 택시를 어디서 탈 수 있나요?
직원	터미널 건물의 정문 밖에서 택시를 탈 수 있습니다. 보통 거기에 택시 줄이 있어요.
나	도와주셔서 감사합니다! 정말 감사합니다.

02 공항
탑승 전 기내 수하물 무게 확인하여 추가 비용 아끼기

'한 푼이라도 아끼자.' 항공사마다 다르겠지만 생각보다 추가 수하물이나 수하물의 무게 초과 시 추가 비용이 많이 든다. 저가 항공사일수록 더더욱 비싼데, 조금만 노력하면 아낄 수 있는 돈이니 적극적으로 항공사에 문의해 보자.

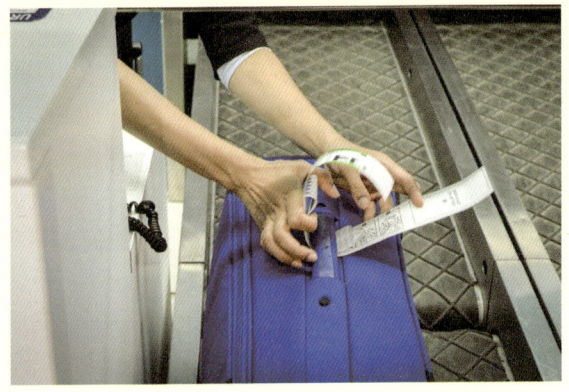

Could you please check the weight of my carry-on luggage?

제 기내 수하물 무게를 확인해 주실 수 있나요?

> ▶ 무게는 영어로 weight을 사용한다. 기내로 갖고 들어가는 짐은 carry-on luggage라고 하니 구별해서 문의하도록 하자. 참고로 위탁 수하물은 checked luggage라고 한다.

What's the weight limit for carry-on luggage on this flight?

이 항공편의 기내 수하물 무게 제한은 얼마인가요?

> ▶ 무게 제한에 대해 확실히 문의를 해야 내 수하물을 그 무게에 맞추어 조절하거나 일행의 가방에 짐을 옮겨볼 수 있다. weight limit에 대해서 문의하면 끝!

What happens if it's over the weight limit? Is there a way to avoid an extra charge?

만약 무게 제한을 초과하면 어떻게 되나요?
추가 요금을 피할 수 있는 방법이 있나요?

> ▶ 지금 당장 짐을 덜어내거나 일행의 가방에 짐을 옮기기 어려운 상황이라면 정면 돌파할 수 있는 돌직구 질문이다. 꼭 필요한 상황에 사용해 보자.

Can I redistribute items between my carry-on and checked luggage here?

여기서 기내 수하물과 위탁 수하물 사이에 물건을 재분배할 수 있나요?

> ▶ 해외 공항의 항공사 체크인 카운터에서 기내 수하물을 맡기기 전에 할 수 있는 질문이다. redistribute는 '재분배하다'라는 뜻인데 여기서는 가방들 속 짐을 옮겨 무게를 재조정하는 행위를 의미한다.

Tina's Suggestion

Me — **Could you please check the weight of my carry-on luggage? What's the weight limit for carry-on luggage on this flight?**

Staff — Sure. The weight limit for carry-on luggage on this flight is 10 kilograms. Let's check yours.

Me — **What happens if it's over the weight limit? Is there a way to avoid an extra charge?**

Staff — If it's slightly over, you can try redistributing items between your carry-on and checked luggage. Otherwise, there will be an extra charge.

Me — **Can I redistribute items here, or should I go somewhere else?**

Staff — You can do it right here. There's a table over there where you can repack your items.

나	제 기내 수하물 무게 좀 확인해 주실 수 있나요? 이 항공편의 기내 수하물 무게 제한은 얼마인가요?
직원	네, 이 항공편의 기내 수하물 무게 제한은 10킬로그램입니다. 확인해 보겠습니다.
나	만약 무게 제한을 초과하면 어떻게 되나요? 추가 요금을 피할 수 있는 방법이 있나요?
직원	조금 초과한 경우, 기내 수하물과 위탁 수하물 사이에 물건을 재배치해 볼 수 있습니다. 그렇지 않으면 추가 요금이 발생합니다.
나	여기서 물건을 재배치할 수 있나요, 아니면 다른 곳으로 가야 하나요?
직원	여기서 하실 수 있습니다. 저기에 물건을 다시 쌀 수 있는 테이블이 있어요.

02 공항

수하물 검사할 때

~~~~~~~~~~~~~~

'갤럭시탭도 꺼내야 하나요?' 수하물 검사는 대부분 말할 일이 별로 없지만, 가끔 질문을 하게 되거나 설명해야 할 때가 있다. 아이패드는 그냥 iPad라고 하면 될 것 같은데, 난 갤럭시탭인데… 알아들으려나…? 두유 노우 삼성…?

Do I need to take my tablet out?

태블릿 pc도 꺼내야 하나요?

> ▶ 수하물 검사 시 전자기기들을 가방에서 따로 꺼내어 바구니에 넣어야 하는데, 아이패드, 갤럭시탭 같은 태블릿 pc들도 꺼내야 하는지 물어보고 싶을 때 써보자. 참고로 pad라고 하지 않고 tablet이라고 한다.

It's duty free.

그거 면세품이에요.

> ▶ 실제로 겪었던 일인데, 면세품으로 구매한 대용량 토너가 액체라서 지적을 받은 적이 있었다. 하지만 면세품으로 포장도 잘 되어 있었다. 그래서 이렇게 한 마디 했더니 넘어가 주었다.

Take out any laptops or electronic devices larger than a cell phone.

노트북이나 휴대폰보다 큰 전자기기는 꺼내 주세요.

▶ 이건 우리가 할 말이 아니라 수하물 검사 시
보안 직원이 하는 말이다. 잘 알아들어야 하니
take out(꺼내다), electronic devices(전자기기들)
정도의 단어들은 익혀 두자.

I think it's due to my belt?

제 벨트 때문 아닐까요?

▶ 금속 탐지기를 통과할 때 크게 울리는 경보음에
쫄지 말자. 난 분명히 주머니를 비웠으니까!
혹시 내 벨트나 다른 것 때문이 아닐지 적극적으로
설명해 보자.

Tina's Suggestion

● 수하물 검사 벨트에 짐을 올리며

Me   Excuse me. **Do I need to take my tablet out?**

Staff   Yes, **take out any laptops or electronic devices larger than a cell phone.**

● 면세품을 가리키며

Staff   Is this a liquid?

Me   Oh, yes, but **it's duty free.**

Staff   Ah, then it's okay.

● 통과 시 경고음이 울렸을 때

Staff   Is there metal in your pocket?

Me   No, **I think it's due to my belt?**

나	실례합니다. 태블릿 pc도 꺼내야 하나요?
직원	네, 노트북이나 휴대폰보다 큰 전자기기는 꺼내 주세요.

직원	이거 액체인가요?
나	아, 맞는데, 그거 면세품이에요.
직원	아, 그러면 괜찮아요.

직원	혹시 주머니에 금속류가 있나요?
나	아니요, 제 벨트 때문 아닐까요?

03 출입국 심사

여행 목적 설명하기

'여행하러 왔습니다.' 출입국 심사할 때 죄진 것도 아닌데 왜 이리 떨리는지… 보통 출입국 심사가 널널했는데 이 나라는 유난히 까다로운 것 같다. 무조건 나오는 단골 질문 중 하나는 바로 '우리 집에 왜 왔니'이다. 어려운 질문이 아니니 대답해 보자.

I'm here to travel./ I'm traveling.

여행하러 왔어요.

> ▶ 가장 많이 사용하게 될 대답이다. travel이라는 단어가 잘 전달되면 되기 때문에 간단하게 Traveling!이라고 외쳐도 된다.

I'm visiting for business meetings with [회사 이름].

[회사 이름]과 비즈니스 미팅 차 왔습니다.

> ▶ 비즈니스 미팅으로 방문하게 됐다면 상황이 조금 복잡해진다. 어떤 회사와 비즈니스 미팅을 하러 왔다고 하면 이 질문으로 끝나지 않고 대부분 추가 질문이 이어지니 회사의 정확한 명칭, 회사 장소, 묵는 호텔, 기간, 관련 서류 등 다양한 정보들을 숙지하자.

I'm here to study.

공부하러 왔어요.

> ▶ 유학생, 교환 학생 등 해외 학교로 공부하러 가는 경우에도 추가적인 정보들을 필히 준비하고 출입국 심사를 받아야 한다. 학생 비자를 따로 발급해 주는 나라들은 특히나 신분 확인을 꼼꼼히 한다.

I'm visiting family/friends.

가족/친구를 보러 왔습니다.

> ▶ 친지나 친구를 보러 방문하는 경우 그들의 집에서 묵는 경우가 많은데 그 집 주소가 어디인지 얼마나 오래 묵는지 등 추가적인 정보를 꼭 확인하자. 심사가 까다로운 나라는 어떻게 만난 친구냐고 물어보는 경우도 있다.

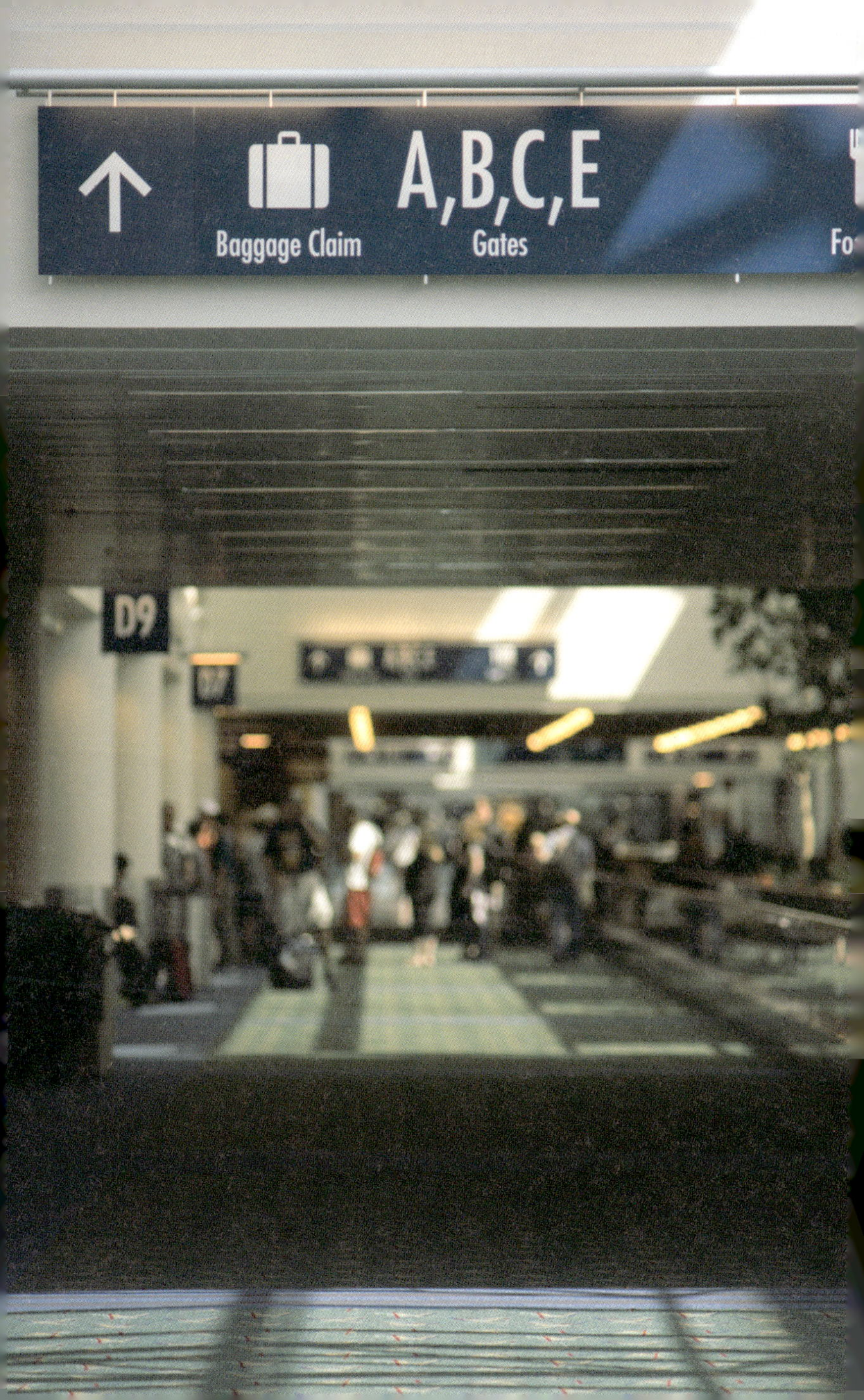

↑  **A,B,C,E**
Baggage Claim   Gates

Tina's Suggestion

Immigration Officer	What is the purpose of your visit?
Me	**I'm here to travel.** I plan to see the major landmarks and enjoy the local cuisine.

· ·

Immigration Officer	Why are you visiting?
Me	**I'm visiting for business meetings with my clients for a week.**

· ·

Immigration Officer	Where will you be staying during your visit?
Me	**I'm here to study at UCLA for a semester,** and I have arranged accommodations near the campus.

· ·

Immigration Officer	Do you have relatives or friends here?
Me	**I'm visiting family/friends.** They live in Hollywood.

출입국 심사 직원 방문 목적이 무엇인가요?

나 여행하러 왔어요. 주요 랜드마크를 보고 현지 음식을 즐길 계획입니다.

출입국 심사 직원 어느 정도 기간 동안 머무르실 예정인가요?

나 제 고객과 비즈니스 미팅 차 일주일간 머물 예정입니다.

출입국 심사 직원 방문 기간 어디에 머무르실 건가요?

나 한 학기 동안 UCLA에서 공부하러 왔고, 캠퍼스 근처에 숙소를 마련했습니다.

출입국 심사 직원 여기에 친척이나 친구가 있나요?

나 가족/친구를 보러 왔습니다. 그들은 할리우드에 살고 있습니다.

03 출입국 심사
여행 기간 설명하기

'일주일 있을 예정입니다.' 두 번째 단골 질문은 머무는 기간을 물어보는 것이다. 출입국 심사의 큰 목적 중 하나는 이 사람이 신분 없이, 머물 곳 없이 들어와 불법으로 체류하는 것을 방지하는 것이다. 따라서 어느 기간만 있다가 돌아갈 것이니 걱정하지 말라는 메시지를 전달하는 것이 목표이다.

I will be staying for [숫자] days/weeks.
[숫자]일/주 동안 머무를 예정입니다.

> ▶ 정확한 기간을 일/주/개월 등을 사용해서 표현하는 것이 일반적이다. 더 정확하게 전달하고 싶다면 for 4 days and 3 nights(3박 4일 동안)라고 설명해도 괜찮다.

My return flight is on [날짜].
귀국 비행기는 [날짜]에 있습니다.

> ▶ 오래 머물게 될 경우 돌아가는 항공권을 구매했는지를 꼭 물어보는 경우가 많다. 즉 이 사람이 돌아갈 준비를 하고 이 나라에 들어오는지를 확인하는 것이다. 단순 여행이라면 보통 왕복 항공권을 구매했을 테니 정보를 전달하면 된다.

I'm planning to leave on [날짜].

[날짜]에 떠날 예정입니다.

> ▶ 귀국 항공권을 구매하지는 않았지만, 돌아갈 날짜는 정해 놨다면 대략적인 계획을 전달해 보자. 물론 그쪽에서 선호하는 대답은 아니다.

I have a round-trip ticket booked for [출국 날짜] and [귀국 날짜].

[출국 날짜]에 출발하여 [귀국 날짜]에 돌아오는 왕복 항공권을 예약해 두었습니다.

> ▶ 왕복 항공권을 예약했을 경우 사실 항공편 예약 확인서 같은 문서를 보여 주는 게 가장 빠르다. 말로 설명해야 한다면 이렇게 이야기해 보자.

Tina's Suggestion

~~~~~~

Immigration Officer	How long will you be staying in the country?
Me	**I will be staying for two weeks.**

· ·

Immigration Officer	Can you show me your return ticket, please?
Me	**My return flight is on the 28th of this month.** Here is my ticket.

· ·

Immigration Officer	Do you have any specific plans during your stay?
Me	**I'm planning to visit some tourist attractions and leave on the 28th.**

· ·

Immigration Officer	What can I do for you?
Me	**I have a round trip ticket booked for the 14th and 21st.**

Immigration

출입국 심사 직원 이 나라에 얼마나 오래 머무르실 예정인가요?

나 2주일 머무를 예정입니다.

출입국 심사 직원 귀국 항공권을 보여 주실 수 있나요?

나 귀국 비행기는 이달 28일에 있습니다. 여기 제 티켓이 있어요.

출입국 심사 직원 체류 기간 구체적인 계획이 있나요?

나 저는 몇몇 관광 명소를 방문할 예정이고, 그다음 28일에 떠날 예정입니다.

출입국 심사 직원 무엇을 도와드릴까요?

나 14일에 떠나서 21일에 돌아오는 왕복 항복권을 예약해 두었습니다.

03 출입국 심사
신분 설명하기

'학생입니다.' 출입국 심사 때는 '나는 안전한 사람이고 얌전히 여행만 하다가 돌아갈 것이다'를 어필해야 한다. 직접적으로 직업이 무엇인지 묻는 경우도 있고 간접적으로 직업을 말하게 되는 경우도 있는데, 내 상황에 맞춰 대답을 준비해 가자. 거짓말은 금물!

I am a [직업 이름] traveling for [목적].

저는 [직업 이름]이고 [목적]으로 여행 중입니다.

> ▶ 가장 간단하지만, 핵심적인 표현이다. 나는 누구인지 나의 직업을 사용해서 쓰면 된다. 우리나라에서는 직업보다는 회사 이름을 대며 그 회사의 직원임을 밝히는 경우가 더 많은데, 그럴 때는 I work for [회사 이름].이라고 하면 된다.

I'm a student visiting for educational purposes.

저는 학생이고 학업을 위해 방문하려고 합니다.

> ▶ 학생의 경우 보통 학생 비자를 받고 학업을 위해 방문하기 때문에 깔끔하게 이야기하면 된다. 그냥 student라고 해도 다 알아듣는다.

I work in [산업], and I'm here for a business trip.

저는 [산업]에서 일하고, 업무 차 방문했습니다.

> ▶ 이때 [산업]에는 회사 이름을 넣는 것이 아닌
> 내가 일하는 분야의 이름을 넣으면 된다.
> 예를 들면 I work in Samsung.이 아니라 I work in
> the semiconductor industry.(나는 반도체 분야에
> 서 일합니다.)라고 해야 한다.

I'm retired and traveling for leisure.

나는 은퇴했고 여행 중입니다.

> ▶ '나는 은퇴를 하고 사실상 백수인데…'인 경우에
> 쓸 수 있는 표현이다. 은퇴를 한 경우가 아니라
> 그냥 실업자라고 한다면
> '저는 실업자예요.'(I'm unemployed.)라고 말하기보
> 다는 '나는 일을 구하고 있어요.'(I am looking for a
> job.)라고 말하는 것을 추천한다.

Tina's Suggestion

Immigration Officer	What do you do for a living?
Me	**I am a lecturer traveling for a series of educational workshops.**
Immigration Officer	What is your occupation?
Me	**I'm a student visiting for educational purposes.**
Immigration Officer	What is your job?
Me	**I work in the technology industry, and I'm here for a business trip.**
Immigration Officer	What kind of work do you do?
Me	**I'm retired, and I'm traveling for leisure.**

출입국 심사 직원 직업이 무엇인가요?

나 저는 교육 워크숍 시리즈를 위해 여행 중인 강사입니다.

출입국 심사 직원 직업이 무엇인가요?

나 교육 목적으로 방문하는 학생입니다.

출입국 심사 직원 직업이 무엇인가요?

나 저는 기술 산업 분야에서 일하고 있으며, 업무로 방문했습니다.

출입국 심사 직원 직업이 무엇인가요?

나 저는 퇴직했고, 여가를 위해 여행 중입니다.

03 출입국 심사

준비 서류(비자 등)를
잊었을 때

'제가 프린트를 못 해왔는데요….' 방문하는 나라나 상황에 따라서 출입국 심사 시 필요한 서류들이 있는 경우가 있다. 비자나 다른 중요한 서류를 두고 왔을 때 출입국 심사에서 어떻게 대처해야 할지 확인해 보자.

I'm afraid I left my [서류] at home. What can I do now?

제 [서류]를 집에 두고 왔네요. 지금 어떻게 해야 하나요?

> ▶ 집에 중요한 서류를 두고 온 상황에서 사용할 수 있는 표현이다. 긴급하게 해결책을 찾아야 할 때 공항 직원에게 사용해 보자.

Is there a way to verify my visa electronically?

비자를 전자기기로 확인할 수 있는 방법이 있나요?

> ▶ 비자와 같은 서류가 물리적 형태(종이 등)가 아닌 전자적 형태(핸드폰, 노트북 등)로 확인 가능한지 물어보는 표현이다. 인쇄는 못했지만 인터넷으로 접속하여 비자 등 자료를 보여줄 수 있을 때 문의해 보자.

Can I provide a digital copy of my [서류]?

제 [서류]의 디지털 복사본을 제공해도 되나요?

▶ 서류의 디지털 복사본을 제공할 수 있는지 묻는 문장이다. 인쇄는 못했지만 파일이 핸드폰이나 노트북에 저장되어 있어 보여 줄 수 있을 때 사용해 보자.

What are my options if I don't have my [서류] with me?

제가 [서류]를 가지고 있지 않다면 어떤 선택지가 있나요?

▶ 서류를 가지고 있지 않을 때 가능한 선택지에 대해 문의하는 표현이다. 출입국 심사원들을 만나기 전에 공항 직원들에게 물어보는 것을 추천하고 싶다.

Tina's Suggestion

~~~

Immigration Officer	Your passport, please. And your visa.
Me	**I'm afraid I left my visa document at home. What can I do now? Is there a way to verify my visa electronically? Can I provide a digital copy of my visa? I have it on my phone.**
Immigration Officer	Sure. Please show me the digital copy, and we can verify its authenticity.
Me	Here it is. **What are my options if this doesn't work?**
Immigration Officer	We'll need to conduct a further review. In the meantime, you may need to wait in the waiting area.

출입국 심사 직원 여권을 주세요. 그리고 비자도요.

나 제 비자 서류를 집에 두고 왔네요. 어떻게 해야 하나요? 비자를 전자기기로 확인할 방법이 있나요? 비자의 디지털 복사본을 드려도 되나요? 휴대폰에 있습니다.

출입국 심사 직원 디지털 복사본을 보여 주시면, 그것의 진위를 확인할 수 있겠습니다.

나 여기 있습니다. 이게 되지 않다면 어떤 선택지가 있나요?

출입국 심사 직원 추가적인 검토가 필요할 겁니다. 그 동안 대기 구역에서 기다리셔야 할 수도 있습니다.

03 출입국 심사

신분 보장을 위해
정보 제공하기

'어디에 머무르시나요?' 출입국 심사가 엄격한 나라의 경우 이 여행객이 어디에 얼마나 머무르는지 디테일한 여행 정보를 요청하는 경우도 있다. 보통 호텔 등의 정식 숙박업소에서 묵게 될 테니 그에 대한 정보를 제공하는 것이 좋다. 또 연락 가능한 본인의 연락처나 해당 나라에서 본인의 신분을 보장하는 국민의 연락처를 남겨야 하는 경우도 있다.

I'll be staying at [호텔 이름] at [호텔 주소].

저는 [호텔 주소]에 있는 [호텔 이름]에 머무를 예정입니다.

> ▶ 여행 기간 동안 묵게 될 숙소의 이름과 주소를 명확하게 전달하는 표현이다. 여러 도시를 다녀 여러 숙소에 묵게 될 경우에도 자세히 전달하자.

My accommodations have been booked from [도착 날짜] to [출발 날짜].

숙소는 [도착 날짜]부터 [출발 날짜]까지 예약되어 있습니다.

> ▶ 필요한 경우 숙박 예정 기간을 구체적으로 설명해야 하는 경우도 있다.

The contact number for my place of stay is [전화번호].

제 숙소의 연락처는 [전화번호]입니다.

> ▶ 숙소와 연결될 수 있는 전화번호를 제공할 수도 있다. 없다고 한다면 내가 사용할 현지 번호나 현지에 거주 중인 친구/친지/동료 등의 번호를 제공해도 된다.

Here is the confirmation of my reservation if needed.

필요하시다면 여기 제 예약 확인서입니다.

> ▶ 필요한 경우 여행사 혹은 숙박업소 홈페이지에서 예약 확인서를 인쇄하여 지참하는 것도 좋다.

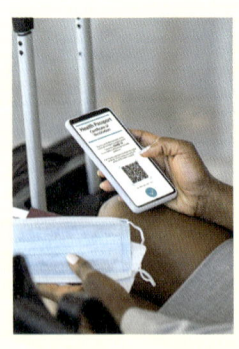

Tina's Suggestion

~~~~~~

Immigration Officer	Where will you be staying during your visit?
Me	**I'll be staying at City Central Hotel at 123 Main Street. My accommodations have been booked from July 1st to July 14th.**
Immigration Officer	Do you have a contact number for your stay?
Me	Yes, **the contact number for my hotel is 010-1234-5678. Here is the confirmation of my reservation if you need it.**

출입국 심사 직원 방문하는 동안 어디에 머무르실 예정인가요?

나 저는 시티 센트럴 호텔에 머무를 예정입니다. 주소는 메인 스트리트 123번지입니다. 숙소는 7월 1일부터 7월 14일까지 예약되어 있습니다.

출입국 심사 직원 숙박할 곳의 연락처가 있나요?

나 네, 호텔의 연락처는 010-1234-5678입니다. 필요하시다면 여기 제 예약 확인서입니다.

Tip 3 출입국 심사의 목적

출입국 심사할 때는 심사관과 친해지는 것이 목적이 아니라 최대한 문제 없이 빠르게 그곳을 통과하는 것이 목적이라는 것을 잊지 말자. 나의 회화 실력을 여기서 연습해 볼 생각을 하지 말고, 최대한 간결하고 명확하게 대답하자. 여기서는 무례할까 봐 걱정할 필요 없다. 심사관들은 영어에 약한 방문객들에게 익숙하고 그들 또한 대부분 친절하지 않다.

04 이동 수단 - 항공편

비행기가
오버부킹이라고?

'오버부킹이라고요?!' 말로만 듣던 오버부킹… 어떤 사람들은 오버부킹으로 비즈니스 클래스로 업그레이드도 받았다고 하던데 나는 그냥 자리가 없어서 못 탄단다. 심지어 다운그레이드됐다는 사람도 있다. 말이 안 된다. 난 이 비행기를 꼭 타야 한다고!

We regret to inform you that we have overbooked this flight, so we currently do not have a seat available for you.

죄송하지만 이 항공편은 오버부킹되어 있어, 현재 고객 님에게 좌석이 없다는 것을 알려 드립니다.

▶ 이 말은 우리가 할 말이 아니라 항공사 직원이 여러분에게 하게 될 말이다. overbook만 잘 알아들어도 괜찮지만, 그 뒷문장에서 a seat available이 없다는 말에 더 집중해야 한다. available은 '이용 가능한'이란 뜻이다.

I booked my seat ages ago!

제가 좌석을 한참 전에 예약했는데요!

▶ booked는 '예약했다'라는 뜻이다. '나는 예약을 한참 전에 했는데 어떻게 좌석이 없을 수 있냐'를 강조하기 위해 ages ago(한참 전에)라는 표현을 사용할 수 있다.

How could this happen?

어떻게 이런 일이 있죠?

▶ 단순히 상황 설명을 요청하는 말이 아닌
황당함과 당혹감도 함께 표현할 수 있는 문장이다.

Are there no seats available in another class?

다른 클래스의 남는 좌석이 없나요?

▶ 오버부킹의 경우 클래스를 업/다운하여 좌석을
내어 주기도 한다. 어차피 이코노미 클래스 승객이
었다면 다른 클래스 좌석이라도 달라고 요청해
보자.

Tina's Suggestion

Airline staff	Excuse me. **We regret to inform you that we have overbooked this flight, so we currently do not have a seat available for you.**
Me	Wait. What? **I booked my seat ages ago! How could this happen?**
Airline staff	I apologize for the inconvenience, sir. We can offer you a seat on the next available flight, or we can provide you with compensation for the trouble.
Me	Compensation? No way! I must board this flight. **Are there no seats available in another class?**
Airline staff	Let me check our availability. Yes, we can offer you an upgrade to business class. Would that be okay?
Me	This is frustrating, but fine. I'll take the business class upgrade.
Airline staff	We apologize for the inconvenience, sir. Thank you for your understanding.

항공사 직원	죄송합니다. 이 항공편이 오버부킹되어 현재 고객님의 좌석이 없다는 것을 알려드리게 되어 유감입니다.
나	잠깐. 뭐라고요? 저는 좌석을 한참 전에 예약했는데요! 어떻게 이런 일이 있죠?
항공사 직원	불편을 끼쳐 드린 데 대해 사과드립니다. 이용 가능한 다음 비행편 좌석을 제공해 드리거나 보상을 해 드릴 수 있습니다.
나	보상이요? 참나! 저는 이 비행기에 꼭 타야 합니다. 다른 클래스의 남은 좌석이 없나요?
항공사 직원	좌석 가능 여부를 확인해 보겠습니다. 네, 비즈니스 클래스로 업그레이드해 드릴 수 있습니다. 괜찮으실까요?
나	정말 짜증 나네요, 하지만 알겠습니다. 비즈니스 클래스로 업그레이드 하겠습니다.
항공사 직원	불편을 끼쳐 죄송합니다, 손님. 이해해 주셔서 감사합니다.

04 이동 수단 - 항공편

좌석 업그레이드 요청하기

'좌석 업그레이드가 가능할까요?' 오버부킹 상황뿐만 아니라 다양한 문제 상황 발생 시 좌석 업그레이드 요청을 해 볼 수 있다. 피치 못할 상황이 아니면 당연히 좌석 업그레이드는 힘들고 대부분의 경우 추가 요금을 지불해야 하니 참고만 해 보자!

Is it possible to upgrade my seat to business class or first class?

제 좌석을 비즈니스 클래스나 퍼스트 클래스로 업그레이드할 수 있나요?

> ▶ 좌석 업그레이드 가능성을 문의하는 기본적인 문장이다. 사실 first class로 업그레이드해 줄 확률은 희박하니 business class 정도로 문의해 보자.

How much would it cost to upgrade my seat?

좌석 업그레이드 비용이 얼마나 될까요?

> ▶ 좌석 업그레이드를 하는 데 비용이 얼마나 드는지 물어보는 질문이다. How much와 cost(…의 비용이 들다)라는 동사를 활용하면 된다.

Are there any available seats for an upgrade?

업그레이드 가능한 좌석이 있나요?

▶ 업그레이드 가능한 좌석의 유무를 확인하는 문장이다. available은 좌석뿐만 아니라 빈 방 등 어떤 시설, 장소의 이용 가능성을 물어볼 때도 자주 사용되는 단어이니 참고하자.

I'm willing to pay for the upgrade. Could you please check for me?

업그레이드 비용을 지불할 의사가 있습니다. 확인해 주실 수 있나요?

▶ 장거리 비행, 열악한 기존 좌석 환경 등을 이유로 좌석 업그레이드를 할 시 비용 지불 의사를 밝히며 문의해 볼 수도 있다.

Tina's Suggestion

~~~~~~

Me	**Is it possible to upgrade my seat to business class or first class? How much would it cost?**
Airline staff	Let me check if **there are any available seats for an upgrade.** One moment, please.

··· 잠시 후 ···

Airline staff	I'm sorry. We're currently having some trouble with our network. Let me see.
Me	**I'm willing to pay for the upgrade. Could you please check for me?**
Airline staff	There are a few seats available in business class. The upgrade would cost $800.
Me	**I'll take it. Here's my passport.**
Airline staff	Certainly. I'll take care of it right now.

나	제 좌석을 비즈니스 클래스나 퍼스트 클래스로 업그레이드할 수 있나요? 비용이 얼마나 되나요?
항공사 직원	업그레이드 가능한 좌석이 있는지 확인해 보겠습니다. 잠시만 기다려 주세요.

… 잠시 후 …

항공사 직원	죄송합니다. 저희 네트워크에 문제가 있어요. 잠시만요.
나	업그레이드 비용을 지불할 의사가 있습니다. 확인해 주실 수 있나요?
항공사 직원	비즈니스 클래스에 이용 가능하신 좌석이 있습니다. 업그레이드 비용은 800달러입니다.
나	그 자리로 할게요. 제 여권입니다.
항공사 직원	그럼요. 지금 바로 처리해 드리겠습니다.

04 이동 수단 - 항공편

잘못된 기내 서비스를 받았다

~~~~~~

'저 이거 주문 안 했는데요.' 일부러 채식을 시켰는데 뚜껑을 열어 보니 일반식이 나왔다. 평소 같으면 그냥 먹겠지만 난 요즘 다이어트 중이라고! 승무원을 호출하여 상황을 설명하고, 여러 번 호출할 일 없게 추가 음료도 주문해 보자.

Can you please tell me about each option?

각 옵션을 설명해 주실 수 있나요?

> ▶ 보통 기내식은 여러 가지 옵션으로 준비되는데, 이름만 들어서는 어떤 음식인지 감이 안 올 때가 많다. 그럴 때는 tell me about ~(…에 대해 설명하다, 말하다)해 줄 수 있는지 물어보자.

There's a mistake with ~.

…에 문제가 있어요.

> ▶ 어떤 서비스에 문제가 있을 때, 혹은 잘못된 서비스가 제공되었을 때 사용할 수 있는 표현이다. 기내뿐만 아니라 다양한 상황에서도 사용될 수 있는 문장이니 꼭 기억하자!

This is not what I [주문/요청/부탁].

이건 제가 [주문/요청/부탁]한 게 아니에요.

> ▶ 내가 주문/요청했던 것과 다른 서비스가 제공되었을 때 할 수 있는 말이다. 내가 변덕으로 변경 요청을 하는 것이 아니라 상황에 문제가 있음을 설명하고 싶을 때 사용해 보자. 식당/호텔/카페 등 다양한 곳에서 사용된다.

Can I also have a [~], please?

또 […]도 주시겠어요?

> ▶ 기내에서 승무원 호출은 최소로 하는 것이 좋을 때가 많다. 잘못된 서비스에 관해 설명하려고 불렀지만 기왕 부른 김에 다른 필요한 것도 함께 요청해 보자.

Tina's Suggestion

Airline crew	Would you like to have your meal now, ma'am? We have a chicken option and a vegetarian option available.
Me	**Can you please tell me about each option?**
Airline crew	Sure. Our chicken option is a grilled chicken breast served with vegetables and mashed potatoes. Our vegetarian option is a pasta dish with tomato sauce and roasted vegetables.
Me	I'll have the vegetarian option, please.

··· 식사를 받고 열어 본 후 ···

Me	Excuse me. **There's a mistake with my meal. This is not what I asked.**
Airline crew	I apologize for the mistake. May I ask what you ordered?
Me	I chose the vegetarian option.
Airline crew	I'm sorry for the confusion. I'll bring you a vegetarian meal right away. Would you like anything else?
Me	Yes, **can I also have a glass of orange juice, please?**

| Airline crew | Sure. Once the meal service is finished, I'll bring it to you immediately. |

. . . .

승무원	손님, 식사하시겠습니까? 치킨 옵션과 채식 옵션이 준비되어 있습니다.
나	각 옵션을 설명해 주실 수 있나요?
승무원	네. 치킨 옵션은 채소와 으깬 감자가 곁들여진 구운 닭가슴살입니다. 채식 옵션은 토마토소스와 구운 채소가 곁들여진 파스타 요리입니다.
나	저는 채식 옵션으로 할게요.

… 식사를 받고 열어 본 후 …

나	저기요, 식사를 잘못 받은 것 같은데요. 이건 제가 주문한 게 아니에요.
승무원	실수에 대해 사과드립니다. 혹시 어떤 걸 주문하셨나요?
나	채식 옵션을 선택했었어요.
승무원	혼란을 드려 죄송합니다. 곧 채식을 가져다 드리겠습니다. 더 필요한 거 있으신가요?
나	네, 오렌지 주스도 한 잔 갖다 주시겠어요?
승무원	그럼요. 음식 제공이 끝나면, 바로 가져다드리겠습니다.

04 이동 수단 - 항공편

다른 사람이
내 자리에 앉아 있을 때

'여기 제 자리인데요…' 비행기 탑승 후 자신의 좌석을 찾아갔는데 이미 다른 승객이 앉아 있는 경우, 당황하지 말고 상황을 해결해 보자! 정 안 되면 승무원을 부르면 된다.

Excuse me. I think you might be in my seat. This is seat [번호].

실례합니다. 제 자리에 앉으신 것 같은데요. 이 자리는 [번호] 좌석입니다.

> ▶ 자신의 좌석에 다른 사람이 앉아 있는 경우 사용하는 기본적인 표현이다. 상대방에게 불쾌감을 주지 않으면서 자리 문제를 지적할 수 있다.

Could you please check your boarding pass?

탑승권을 확인해 주시겠어요?

> ▶ 상대방이 자신의 좌석 번호를 잘못 확인했을 가능성을 염두에 두고, 탑승권 확인을 부탁하는 문장이다.

I believe there has been a mistake. My boarding pass also shows this seat.

실수가 있었던 것 같아요. 제 탑승권에도 이 좌석이라고 나와 있습니다.

▶ 자신의 탑승권에도 같은 좌석 번호가 표시되어 있음을 상대방에게 알리는 표현이다.

Shall we ask a flight attendant for help?

승무원에게 도움을 요청해 볼까요?

▶ 상황을 해결하기 위해 승무원의 도움을 제안하는 문장이다. 티켓 발권의 문제일 수도 있으니 직접 불러 문의해 보자.

Tina's Suggestion

Me	**Excuse me. I think you might be in my seat. This is seat 22A. Could you please check your boarding pass?**
Other passenger	Oh, let me check my boarding pass.

··· 잠시 후 ···

Other passenger	**I believe there has been a mistake. My boarding pass also shows this seat.**
Me	You're right. My apologies, I must have looked at it wrong.
Other passenger	No problem. **Shall we ask a flight attendant for help to find your seat?**
Me	That would be great. Thank you.

나	실례합니다. 제 자리에 앉으신 것 같은데요. 이 자리는 22A입니다. 탑승권을 확인해 주시겠어요?
다른 승객	아, 제 탑승권 좀 확인해 볼게요.

··· 잠시 후 ···

다른 승객	오해가 있는 것 같습니다. 제 탑승권에도 이 좌석이라고 나와 있어요.
나	맞네요. 죄송합니다, 제가 잘못 봤나 봐요.
다른 승객	괜찮습니다. 승무원에게 자리 찾는 걸 도와달라고 요청해 볼까요?
나	그게 좋겠어요. 감사합니다.

04 이동 수단 - 항공편

담요는 유료라고요?

'담요가 유료라고요?' 비행기 내부는 항상 적정 온도를 유지하기 때문에 여름에도 매우 추울 수 있다. 비행기 안에서 담요가 필요하지만 유료로 제공된다는 안내를 받았을 때, 특별한 상황(감기, 몸살 등)을 언급하여 필요한 서비스를 받을 수 있으니 참고하자.

I wasn't aware that there is a charge for blankets. How much is it?

담요가 유료인 줄 몰랐습니다. 얼마인가요?

▶ 담요가 유료라는 안내를 받았을 때
당황스러울 텐데, 그럴 땐 이렇게 문의해 보자.

Do you have complimentary blankets available for sick people? I'm really cold and feel sick.

아픈 사람을 위한 무료 담요가 따로 있나요? 너무 춥고 몸이 안 좋아요.

▶ 담요를 유료로 제공하는 저가 항공사들도 몸이
안 좋은 승객들을 위한 무료 제공용 담요는
준비된 경우가 많다. 몸이 안 좋음을
강조하며 complimentary(무료의) 담요를 받을 수
있는지 문의해 보자. 환자용 담요들도 개수는
제한이 있을 것이므로 정말 필요할 때만 사용하자.

Could I please get a blanket? I feel quite ill, and a blanket would help.

담요를 하나 받을 수 있을까요? 몸이 좀 안 좋은데, 담요가 도움이 될 것 같아요.

▶ 몸이 아프니 담요가 필요하다는 말을 하며 담요를 다시 요청해 보자.

I understand. Could you let me know how I can make the payment?

알겠습니다. 어떻게 결제할 수 있는지 알려 주실 수 있나요?

▶ 무료 담요를 받지 못하게 되었을 때 유료 담요라도 받고 싶다면 이렇게 말해 보자.

Tina's Suggestion

Me	**Could I please get a blanket?** It's quite chilly here.
Airline crew	I'm sorry, but blankets are available for a fee on this flight. Would that be okay?
Me	**I wasn't aware that there is a charge for blankets. How much is it?**
Airline crew	A blanket is $8.
Me	**Do you have complimentary blankets available for sick people? I'm really cold and feel sick.**
Airline crew	Let me see what I can do for you.
	… 잠시 후 …
Airline crew	I'm really sorry, but all the blankets for sick people are being used.
Me	**I understand. Could you let me know how I can make the payment? I feel quite ill, and a blanket would help.**
Airline crew	Of course. I'll bring one for you and take care of the payment here. Please feel better soon.

나	담요 좀 받을 수 있을까요? 여기 꽤 춥네요.
승무원	죄송하지만, 이 항공편은 담요가 유료로 이용 가능해요. 괜찮으신가요?
나	담요가 유료인 줄 몰랐습니다. 얼마인가요?
승무원	8달러입니다.
나	환자를 위한 무료 담요가 따로 있나요? 너무 춥고 몸이 안 좋아요.
승무원	어떻게 도와드릴 수 있는지 확인해 보겠습니다.

… 잠시 후 …

승무원	정말 죄송하지만, 환자분들을 위한 담요가 모두 소진되었습니다.
나	알겠습니다. 어떻게 결제할 수 있는지 알려 주실 수 있나요? 몸이 좀 안 좋은데, 담요가 도움이 될 것 같아요.
승무원	물론입니다. 담요를 가져다드리고 여기서 결제 처리를 해 드리겠습니다. 얼른 나으시길 바랍니다.

05 이동 수단 - 차량

대체 결제 수단 요청하기

'죄송한데 현금도 되나요?' 현지 택시 앱을 다운 받아 내 카드를 등록했는데, 한국 카드라 그런지 결제가 계속 안 된다! 당황스러워 그냥 내려야 하나 싶지만 혹시 모르니 다른 결제 수단이 가능한지 물어보자.

I'm having trouble with the card payment on the app.

어플로 카드 결제에 문제가 있어요.

▶ 국내 전용 카드라서 앱에 등록해도
결제가 안 되는 경우는 꽤 흔하다. 그럴 때는
기사에게 앱에서 결제가 안 된다고 알려 보자.
결제는 영어로 payment이다.

Can I pay with something else?

다른 걸로 결제해도 되나요?

▶ 결제할 때 가장 많이 사용하게 되는 동사는
pay with ~이다. '…로 계산하다'라는 말로,
혹시 다른 결제 수단이 가능한지 물어보자.

I'll pay with [카드/현금].

[카드/현금]으로 결제할게요.

> ▶ pay with 뒤에는 보통 카드나 현금이 오게 된다.
> 카드의 경우 credit card라고 풀어서 사용해도
> 된다. 어떤 나라는 credit card와 debit card를
> 구별하여 가능 여부를 알려 주는 경우도 있는데,
> 우리가 흔히 사용하는 신용 카드들은
> 모두 credit card에 해당한다.

Any chance for a discount?

혹시 할인은 안 되나요?

> ▶ 예약 없이 해외에서 현지 이동 수단을 이용할 경우
> 기사에 따라 가격이 천차만별이고 잘못하면
> 바가지도 쓸 수 있다. 상황을 봐서 미리 할인해
> 달라고 하면 그런 상황을 피할 수 있다.
> 이럴 때 단어 discount를 사용해 보자.

Tina's Suggestion

Me	Excuse me. **I'm having trouble with the card payment on the app. Can I pay with something else?**
Taxi driver	Sure. Cash is fine.
Me	Great, **I'll pay with cash then.** In addition, the fare seems a bit high. **Any chance for a discount?**
Taxi driver	I'm afraid the fare is fixed, but I can provide you with a receipt.
Me	Okay. Thank you.

나	저기요. 제가 앱에서 카드 결제가 계속 안 돼서요. 다른 걸로 결제 가능한가요?
택시 운전사	네, 현금도 돼요.
나	잘됐네요, 그러면 현금으로 결제할게요. 그리고, 요금이 좀 비싸 보이는데요. 할인 가능할까요?
택시 운전사	요금은 고정돼 있습니다만, 영수증은 드릴 수 있습니다.
나	네, 감사합니다.

05 이동 수단 - 차량

행선지 제대로 요청하기

'이 길 말고 시청 쪽으로 가 주세요.' 이 나라는 민간 택시를 타면 바가지요금이 기본이라더니⋯ 느낌 탓일 수 있지만, 이 기사님도 길을 돌아서 가시는 것 같다. 구글 맵에는 이 길이 아닌데⋯ 미터기 요금은 계속 올라간다. 껄끄러울 수 있지만 원하는 루트에 있는 랜드마크를 말하며 그쪽으로 가 달라고 말해 보자.

Please go to [행선지].

[행선지]로 가 주세요.

> ▶ 처음 탑승 후 행선지를 이야기할 때 쓸 수 있는 표현이다. 간단하게 <We're going to [행선지].>라고 해도 된다.

Excuse me. Are we going the right way?

실례지만, 우리가 제대로 가고 있는 거 맞나요?

> ▶ the right way라고 하면 '오른쪽 길'이 아니고 '올바른 길'이라는 뜻이다. 우리가 제대로 된 길로 가고 있는지 확인하고 싶을 때 물어보면 되는 질문이다.

I think we're going the opposite direction. Can you please head toward [중간 지점] instead?

반대 방향으로 가는 것 같아서요. 이 길 대신 [중간 지점] 쪽으로 가 주실 수 있나요?

> ▶ '반대 방향'이라고 말하고 싶다면 the opposite direction이라고 하면 된다. '…로 향한다'라는 표현은 head toward ~라고 하면 된다.

I understand, but we need to make a stop at [중간 지점].

알겠습니다만, [중간 지점]에 들러야 해서요.

> ▶ '…에 들르다'는 영어로 make a stop at ~의 표현을 사용하면 된다. 그냥 원하는 쪽으로 가 달라고 하기 민망하다면 [중간 지점]에 들러야 된다고 핑계를 대 보자.

Tina's Suggestion

Taxi driver	Where are you headed?
Me	**Please go to the central station.**
Taxi driver	Central station. Got it.

··· 잠시 후 ···

Me	**Excuse me. Are we going the right way?**
Taxi driver	Yes, we're on the right track. Is there a problem?
Me	**I think we're going the opposite direction. Could you please head toward City Hall instead?**
Taxi driver	But this route is faster.
Me	**I understand, but we need to make a stop at City Hall.** Please drive us in that direction.
Taxi driver	Okay.

택시 운전사	어디로 가시나요?
나	중앙역으로 가 주세요.
택시 운전사	중앙역이요. 알겠습니다.

… 잠시 후 …

나	실례지만, 저희가 제대로 가고 있는 거 맞나요?
택시 운전사	네, 이 길이 맞아요. 문제라도 있나요?
나	반대 방향으로 가는 것 같아서요. 이 길 대신 시청 쪽으로 가 주실 수 있나요?
택시 운전사	하지만 이 경로가 더 빠른데요.
나	알겠습니다만, 시청에 들러야 해서요. 그 방향으로 운전해 주세요.
택시 운전사	그러죠.

05 이동 수단 - 차량

특정 장소에 잠시 들르기

'죄송하지만 가는 길에 [장소]에 들를 수 있을까요?' 우버, 택시 등 개별적인 교통수단을 타고 이동 중에 잠시 특정 장소에 들를 필요가 있을 때 어려워하지 말고 운전사에게 부탁해 보자.

Excuse me. Would it be possible to make a quick stop at a convenience store on the way?

실례지만, 혹시 가는 길에 편의점에 잠시 들를 수 있을까요?

> ▶ '…에 잠시 들른다'라는 표현은 make a quick stop at [장소]로 사용할 수 있다. '가는 길에'라는 말을 하고 싶다면 on the way라고 하면 된다. 여행 중에 자주 사용할 수 있으니 외워 두자.

Could we make a stop at City Hall along the way to my final destination?

최종 목적지로 가는 길에 시청에 들를 수 있을까요?

> ▶ make a stop을 그대로 사용한 문장이다. along the way to ~는 '…로 가는 길에'라는 뜻이다.

Is it possible to briefly visit another location before we arrive at my final stop?

최종 목적지에 도착하기 전에 다른 곳을 잠깐 방문할 수 있을까요?

> ▶ make a stop이라는 표현이 생소하다면 visit이라는 동사를 사용해도 된다. 그냥 stop이라는 동사를 사용해 버리면 그 장소를 잠깐 들르는 것이 아닌 아예 도착하고 운행을 멈추는 것으로 전달될 수 있으니 주의하자.

I need to make a quick stop at [장소] on our way; is that okay?

가는 길에 [장소]에 잠깐 들러야 하는데요, 괜찮을까요?

> ▶ '특정 장소에 들러야 한다'라고 먼저 통보한 후 Is that okay?라고 정중하게 괜찮은지 물어보는 것도 괜찮다. 당연하다는 듯이 무례하게 통보하기보다는 상대방의 동의를 구하는 것이 매너 있는 방식이다.

Tina's Suggestion

Me	**Excuse me. Would it be possible to make a quick stop at a convenience store on the way?**
Taxi driver	Sure. That's not a problem. Just be aware that the meter will still be running.

· ·

Me	**Could we make a stop at City Hall along the way to my final destination?**
Taxi driver	Yes, we can do that.

· ·

Me	**Is it possible to briefly visit another location before we arrive at my final stop?**
Taxi driver	Yes, but the meter will continue to run while I wait.

· ·

Me	**I need to make a quick stop at the post office on my way. Is that okay?**
Taxi driver	Sure. I'll wait for you.

나	저기, 혹시 가는 길에 편의점에 잠시 들를 수 있을까요?
택시 운전사	네, 문제없습니다. 다만 계속 미터기가 돌아간다는 점은 알고 계세요.

나	최종 목적지로 가는 길에 시청에 들를 수 있을까요?
택시 운전사	네, 가능합니다.

나	최종 목적지에 도착하기 전에 다른 곳을 잠깐 방문할 수 있을까요?
택시 운전사	가능하지만, 기다리는 동안에 미터기는 계속 작동합니다.

나	가는 길에 우체국에 잠깐 들러야 합니다. 괜찮으실까요?
택시 운전사	물론입니다, 기다려 드릴게요.

05 이동 수단 - 차량

잠시 기다려 주실 수 있나요?

'기사님, 빨리 돌아올게요.' 잠시 들른 장소에서 내리고 새로 택시 등을 부르는 것은 번거로울 수 있다. 이럴 때는 기사님에게 잠시 기다려 달라고 말씀드리고 빠르게 다녀온 후 최종 목적지까지 한 기사님과 이동하는 것도 좋은 방법이다. 미터기가 계속 돌아가지 않는 상황이라면 나중에 팁을 좀 더 드리는 것도 좋다.

Would it be possible to wait for a few minutes while I run into this convenience store?

이 편의점에 잠깐 들렀다 오는 동안 몇 분 기다려 주실 수 있나요?

> ▶ run into는 '…에 달려간다'라는 표현이기도 하지만 '빨리 다녀오겠다'라는 의미로도 쓰일 수 있다.

I'll be quick. I just need to grab a couple of things.

금방 돌아올게요. 몇 가지만 살 거예요.

> ▶ 빠르게 다녀올 것이니 걱정하지 말라는 말씀을 드리자. grab은 '물건을 쥐다'라는 뜻도 있지만, 여기서는 '빠르게 구매할' 것이라는 뜻이다. 다시 다녀올 거라고해서 물건을 두고 내리는 행위는 금지. 일행이 택시 안에서 대기하는 것이 좋다.

But the meter will continue to run while I wait.

그런데 기다리는 동안에도 미터기는 계속 돌아갈 겁니다.

> ▶ 우리가 할 말이 아니라 기사님이 해 주실 말이다.
> 우리나라도 마찬가지지만 해외 택시들도 기다리는
> 동안 미터기를 멈추지 않는다.
> 요금이 계속 올라가도 당황하지 말자.

Thank you for waiting. I appreciate it.

기다려 주셔서 감사합니다.

> ▶ '기사님에게 기다려 주셔서 감사하다'고 인사하는
> 것을 잊지 말자. 최종 목적지에 도착 후
> 최종 결제 시 팁을 더 드리는 것도 좋은 방법이다.

Tina's Suggestion

~~~~~~

Me	**Would it be possible to wait for a few minutes while I run into this convenience store?**
Taxi driver	Of course. How long will it take?
Me	**I'll be quick. I just need to grab a couple of things.**
Taxi driver	Sure, **but the meter will continue to run while I wait.**
Me	No problem! I'll make it as quick as possible.

··· 잠시 후 ···

Me	**Thank you for waiting. I appreciate it.**
Taxi driver	No problem. Can we go now?

나	이 편의점에 잠깐 들렀다 오는 동안 몇 분 기다려 주실 수 있나요?
택시 운전사	그럼요, 얼마나 걸리세요?
나	금방 돌아올게요. 몇 가지만 살 거예요.
택시 운전사	네, 그런데 기다리는 동안에도 미터기는 계속 돌아갈 겁니다.
나	그럼요! 최대한 빨리 올게요.

··· 잠시 후 ···

나	기다려 주셔서 감사해요.
택시 운전사	별말씀을요. 이제 가도 될까요?

05 이동 수단 - 차량

바가지 요금 대처하기

'기사님, 가격이 이게 맞아요?' 우버 등 앱으로 미리 금액이 계산되는 서비스들은 괜찮지만, 툭툭 등 민간 이동 수단들은 바가지요금이 흔하게 발생한다. 탑승 전 대략적인 시세를 사전 조사하는 것은 필수이다. 탑승 전에 미리 금액을 물어보고 흥정하여 합의해 두는 것이 가장 좋다.

What's the usual fare to [목적지]?

[목적지]까지 일반적으로 얼마인가요?

> ▶ 탈것을 이용할 때의 요금은 영어로 보통 fare를 사용한다. 일반적으로 얼마인지를 물어보는 것이 좋으니 usual fare가 어떻게 되는지 문의하자.

Give me an estimate before we start.

출발하기 전에 예상 요금을 알려 주세요.

> ▶ 어떤 나라들은 기사들이 무작정 탑승을 요구하는 경우가 있다. 얼마 안 할 것으로 생각하고 올라타지 말고 타기 전 정확한 요금을 합의하는 것을 잊지 말자. estimate는 여기서 '예상 요금'을 의미한다.

Do you use a meter, or is there a flat rate?

미터기를 사용하시나요, 아니면 정액 요금이 있나요?

> ▶ 사실 부르는 게 값인 민간 탈것들도 존재한다. 미터기를 사용하는 것이 탑승객의 입장에서는 좋은 방법이다. 시세를 이미 알고 있어 흥정이 가능하다면 미터기 없이 흥정 금액으로 진행하는 것도 좋다.

Can we agree on the fare before we leave?

출발하기 전에 요금에 대해 합의할 수 있나요?

> ▶ 출발 전 서로 합의한 요금으로 진행하자고 확인을 요청해 보는 것도 좋은 방법이다. agree라는 동사를 사용해 보자.

Tina's Suggestion

Me	Hi, how much would it cost to go to the city center?
Taxi driver	It's $50.
Me	**What's the usual fare to City Hall? Could you give me an estimate before we start?**
Taxi driver	It's also $50.
Me	That seems a bit expensive. **Do you use a meter, or is there a flat rate?**
Taxi driver	It's a flat rate. $50 to City Hall.
Me	That's too expensive. Can we go for $30?
Taxi driver	Okay, I can do it for $40.
Me	Great! **Can we agree on the fare before we leave?**
Taxi driver	All right. As you wish.

나	안녕하세요, 시내 중심가까지 가는 데 얼마나 드나요?
택시 운전사	50달러예요.
나	시청까지는 보통 얼마나 나오나요? 출발하기 전에 예상 요금을 알려 주실 수 있나요?
택시 운전사	그것도 50달러입니다.
나	좀 비싼 것 같군요. 미터기를 사용하시나요, 아니면 정액 요금이 있나요?
택시 운전사	정액제예요. 시청까지 50달러입니다.
나	너무 비싼데요. 30달러는 안 될까요?
택시 운전사	알겠어요, 40달러에 해 드릴게요.
나	좋아요! 출발하기 전에 요금에 대해 합의할 수 있나요?
택시 운전사	알았어요. 좋으실 대로.

06 호텔

방 변경 요청하기

'혹시 트윈룸 남는 방 있을까요?' 호텔 예약 사이트에서는 선택권이 없어 더블룸으로 예약을 했지만, 친구랑 침대를 따로 쓰고 싶을 때가 있다. 사실 더블룸/트윈룸처럼 급이 같은 룸의 경우, 방만 여유가 있다면 교환을 요청할 수 있다. 안 되면 그만이니 물어나 보자!

I have a question about my reservation.

방 예약 관련 질문이 있는데요.

> ▶ 방 변경 요청을 시작할 때 사용하기 좋은 말이다.
> I have a question about ~은 언제 어디서든 사용될 수 있는 만능 문장이니 꼭 외워 두자. 뒤에는 상황에 따라 my room condition(방 컨디션)이라는 말로 바꿔도 된다.

We booked a [~] room, ~.

저희는 […] 룸을 예약했는데요, ….

> ▶ 요청 사항을 먼저 말하기 전에 현재 예약 상태에 대해서 말하는 것은 필수이다. 어차피 질문이 들어오니 미리 현재 예약 상태에 대해서 설명하자.

I was wondering if it would be possible to change to a twin room.

혹시 트윈룸으로 변경이 가능한지 궁금합니다.

> ▶ I was wondering if ~는 '…인지 궁금해서요'라는 표현으로 살짝 무리한 부탁이거나 가능한지 확인해 보고 싶다는 뉘앙스를 풍기고 싶을 때 자주 사용되는 표현이다. 방 변경이 당연한 건 아니니 당당히 '바꿔줘!'라고 요청하기보다는 부드럽게 문의해 보자.

Is there an additional charge?

추가 비용이 발생하나요?

> ▶ 만약 업그레이드된 방으로 안내받을 경우 대화 흐름으로는 공짜로 업그레이드해 주는 거라고 오해할 수도 있다. 하지만 공짜는 없기에 같은 급으로 변경이 아닌 업그레이드된 경우라면 꼭 물어보자.

Tina's Suggestion

Me	Hi, there. **I have a question about my reservation.**
Hotel staff	Of course. What can I help you with?
Me	**We booked a double room, but I was wondering if it would be possible to change to a twin room.**
Hotel staff	Let me check if we have any twin rooms available. If there are any left, we can assist you with a change. Just a moment, please.
	⋯ 잠시 후 ⋯
Hotel staff	We have one twin room available, so we can assist you with changing to that room.
Me	Thank you so much. **Is there an additional charge?**
Hotel staff	No, there isn't. Would you like me to change the room for you?
Me	Yes, that would be great.

나	안녕하세요. 방 예약 관련 질문이 있는데요.
호텔 직원	물론이죠, 무엇을 도와드릴까요?
나	저희가 더블룸을 예약했는데, 혹시 트윈룸으로 변경할 수 있을지 궁금해서요.
호텔 직원	트윈룸 남는 방이 있는지 확인해 보겠습니다. 만약 남는 방이 있다면, 변경을 도와드릴 수 있어요. 잠시만요.

… 잠시 후 …

호텔 직원	트윈룸이 한 개 남아 있네요, 그 방으로 변경하는 것을 도와드릴 수 있습니다.
나	정말 감사합니다. 추가 비용이 발생하나요?
호텔 직원	아니요, 추가 비용은 없습니다. 방 변경을 도와드릴까요?
나	네, 그래 주시면 감사하죠.

06 호텔

여행 필수품 요청하기

'Can I borrow 돼지코?' 이런! 이 나라는 콘센트 모양이 다르구나. 이미 늦은 밤이라 나가서 사 오기도 애매한 상황. 돼지코를 빌리고 싶은데 돼지코가 영어로 'pig nose'일 확률은 희박해 보인다. 얼른 로비에 전화해서 돼지코를 요청해 보자.

There aren't enough outlets in the room.

방에 콘센트가 좀 부족한 것 같아요.

> ▶ 호텔에서 꼭 알아야 하는 단어는 outlet(콘센트)이다. 콘센트가 영어로 consent가 아님에 주의하자! 간혹 방에 콘센트가 어디 있는지 보이지 않는 경우도 있고 침대맡에 콘센트가 따로 없는지 궁금할 때 사용해 보자.

Can I borrow a power strip?

멀티탭을 빌릴 수 있을까요?

> ▶ 콘센트가 부족할 때 멀티탭을 요청해 볼 수도 있다. 멀티탭은 영어로 power strip이다. multi-tap이 아니니 주의하자!

I don't have an adapter for the outlet.

콘센트에 맞는 어댑터가 없어요.

> ▶ 돼지코는 영어로 adapter 혹은 travel adapter 이다. 각국의 플러그 타입을 가지고 있는 제품은 universal travel adapter라고도 한다.

Can I borrow an adapter then?

그럼 어댑터를 빌릴 수 있을까요?

> ▶ Can I borrow ~?는 호텔에 묵을 때 로비에서 자주 사용하게 될 필수 문장이니 확인하자.

Tina's Suggestion

Me	Excuse me. I have a question about the room.
Hotel staff	Of course. What can I assist you with?
Me	**There aren't enough outlets in the room. Can I borrow a power strip?**
Hotel staff	I'm sorry, but we don't have any power strips available for use.
Me	Oh, I see. **I don't have an adapter for the outlet as well. Can I borrow an adapter then?**
Hotel staff	Certainly. We have adapters available for you. Let me get one for you.

··· 잠시 후 ···

Hotel staff	Here you go. It's an adapter.
Me	Thank you so much.
Hotel staff	You're welcome. If you need anything else, feel free to ask.

나	실례합니다. 방에 관해 질문이 있는데요.
호텔 직원	물론이죠. 무엇을 도와드릴까요?
나	방에 콘센트가 부족해요. 멀티탭을 빌릴 수 있을까요?
호텔 직원	죄송하지만, 저희가 이용 가능한 멀티탭을 가지고 있지 않습니다.
나	아, 알겠습니다. 그리고 제가 콘센트에 꽂을 어댑터도 없어요. 그럼 어댑터를 빌릴 수 있을까요?
호텔 직원	물론이죠. 손님이 이용할 수 있는 어댑터가 있습니다. 제가 하나 가져다 드리겠습니다.

··· 잠시 후 ···

호텔 직원	여기 있습니다. 어댑터입니다.
나	정말 감사합니다.
호텔 직원	천만에요. 더 필요하신 게 있으시면, 언제든지 말씀하세요.

06 호텔

호텔에서 중복 결제
혹은 보증금 관련 대처하기

'저는 이미 결제했는데요.' 호텔 체크인 또는 체크아웃 시 결제 관련 문제가 발생했을 때, 특히 중복 결제나 보증금(deposit) 반환 문제를 해결해야 할 때가 있다. 이미 여행사 페이지를 통해 숙박비를 지불했음에도 불구하고 전산 오류로 다시 요청할 때가 있다. 이럴 때는 무턱대고 지불하지 말고 확인을 요청하자.

I think there's a mistake with my bill. Can you check this for me?

제 청구서에 오류가 있는 것 같아요. 확인해 주실 수 있나요?

▶ 명세서에서 이중 청구 등의 문제가 발견되어 요금을 다시 확인하고 싶을 때 사용할 수 있는 표현이다.

When will I get my deposit back?

보증금은 언제 돌려받게 될까요?

▶ deposit(보증금)을 지불한 상태라면 미리 돌려받는 날짜를 확인해 보는 것도 좋은 방법이다. 돌려받지 못했을 때는 꼭 문의해 봐야 한다.

What's this charge for?

이 요금은 뭐예요?

> ▶ 나는 사용하지 않았는데 청구된 것 같은 경우가
> 있다. 그럴 때는 그냥 넘어가지 말고 혹시 모르니
> 어떤 요금이 청구된 건지 확실하게 문의해 보자.

Who can I talk to about my bill?

청구서 문제는 누구한테 말해야 하나요?

> ▶ bill(청구서, 계산서)에 관한 문제는 단순히 리셉션
> 직원과 해결하지 못하는 경우도 있다. 관리자를
> 불러 문의해 보자.

Tina's Suggestion

Me	**I think there's a mistake with my bill. Who can I talk to about my bill? Can you check this for me?**
Hotel staff	Let me look into that. Could you provide your room number and the name the reservation was under?
Me	Sure. It's room 104 under the name Minji Kim. **When will I get my deposit back?**
Hotel staff	It appears there was indeed a mistake. We'll correct this immediately. The deposit should be refunded within 5 to 7 business days.
Me	**What's this charge for?** I just want to ensure everything else is accurate.
Hotel staff	Of course. Here is the detailed breakdown.

나	제 청구서에 오류가 있는 것 같아요. 청구서 관련 문제는 누구한테 말해야 하나요? 혹시 확인해 주실 수 있나요?
호텔 직원	확인해 보겠습니다. 방 번호와 예약하신 이름을 알려 주시겠어요?
나	네, 104호이고, 이름은 김민지입니다. 보증금은 언제 돌려받게 될까요?
호텔 직원	정말 실수가 있었던 것 같습니다. 바로 수정하겠습니다. 보증금은 5에서 7영업일 내에 환불됩니다.
나	이 요금은 뭔가요? 나머지 다른 부분도 정확한지 확인하고 싶어서요.
호텔 직원	물론입니다. 여기 자세한 내용이 있습니다.

06 호텔

호텔 서비스가 무료인지 유료인지 문의하기

'이거 그냥 사용해도 되는 건가?' 호텔에 숙박하면서 특정 서비스(예: 와이파이, 헬스장, 조식 등)가 무료인지 아니면 추가 요금이 부과되는지 확인하고 싶을 때 사용할 수 있는 표현들이 있다.

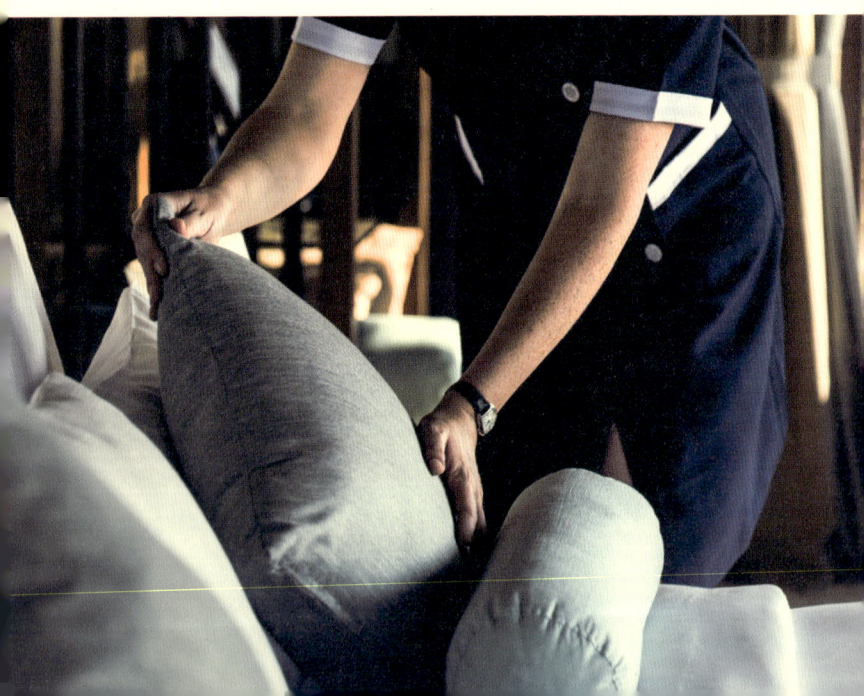

Is the Wi-Fi service complimentary for guests?

와이파이 서비스는 숙박객에게 무료인가요?

> ▶ 특정 서비스가 무료로(complimentary) 제공되는지 확인하고자 할 때 사용하는 문장이다.

Do you charge extra for fitness center access?

헬스장 이용에 추가 요금이 있나요?

> ▶ 헬스장 이용에 추가 비용(extra charge)이 드는지 묻는 표현이다. 헬스장뿐만 아니라 호텔의 다양한 서비스들을 이용할 때 미리 물어보는 것도 좋은 방법이다.

Can you tell me about the breakfast options and their costs?

조식 옵션과 그 비용에 대해 알려 주실 수 있나요?

> ▶ 호텔에서 제공하는 조식 서비스의 옵션과 관련된 비용 정보를 문의해 보자. 알고 보니 내 방이 조식 포함인 패키지인 경우도 있을 수 있으니, 비용을 안 냈다고 사용 안 하고 가만히 있기보다는 무엇이라도 일단 물어보자!

Are there any services included in my room rate?

제 방 요금에 포함된 서비스가 있나요?

> ▶ 해외 호텔들은 국내 호텔들과는 다른 다양한 서비스들을 제공할 수 있다. 나는 몰랐지만 누릴 수 있는 서비스들이 있다면 꼭 누려 보자.

Tina's Suggestion

Me	**Is the Wi-Fi service complimentary for guests?**
Hotel staff	Yes, Wi-Fi is free for all our guests.
Me	**Do you charge extra for fitness center access?**
Hotel staff	The fitness center is included in your room rate, so there's no extra charge.
Me	**Can you tell me about the breakfast options and their costs?**
Hotel staff	Certainly. We offer a buffet breakfast at $59 per person.
Me	**Are there any services included in my room rate?**
Hotel staff	Your rate includes access to the Wi-Fi, the fitness center, and the pool.

나	와이파이 서비스는 숙박객에게 무료인가요?
호텔 직원	네, 와이파이는 모든 숙박객에게 무료입니다.
나	헬스클럽 이용에 추가 요금이 있나요?
호텔 직원	헬스클럽은 방 요금에 포함되어 있으므로, 추가 요금이 없습니다.
나	조식 옵션과 그 비용에 대해 알려 주실 수 있나요?
호텔 직원	물론입니다. 저희는 조식 뷔페를 1인 59달러에 제공합니다.
나	제 방 요금에 포함된 서비스가 있나요?
호텔 직원	귀하의 요금에는 와이파이, 헬스클럽, 수영장 이용이 포함되어 있습니다.

06 호텔

호텔 짐 보관 서비스 이용하기

'짐 좀 맡길 수 있을까요?' 보통은 해외여행 중 호텔에 체크인 시간 전에 도착하거나 체크아웃을 한 후 도시를 둘러보고 싶을 때 호텔 프런트에 짐을 맡기게 된다. 그럴 때 사용하면 좋은 표현을 모아 봤다.

Can I leave my luggage here for a few hours [after/before] check-in[out]?

체크인[아웃] [후/전] 몇 시간 동안 여기에 짐을 맡길 수 있나요?

▶ 보통 여행 중에 갖고 다니는 가방, 짐들은 luggage, baggage, bags 등의 단어들로 표현하면 된다.
'맡기다'는 영어로 보통 leave를 사용하면 된다.

Is there a fee for the luggage storage service?

짐 보관 서비스에 비용이 드나요?

▶ 간혹 호텔마다 짐 보관 서비스를 유료로 제공하는 경우도 있다. 유료는 아니어도 팁을 줘야 하는 나라도 있을 수 있으니 한번 확인해 보자.
짐 보관 서비스는 영어로 the luggage storage service이다.

Until what time can I pick up my luggage?

짐을 언제까지 찾아가야 하나요?

> ▶ 체크아웃 후 최소 몇 시까지는 짐을 찾아가야 하는지 문의할 것을 추천한다. 호텔에 하루 묵었다고 해서 며칠을 맡아 주지는 않기 때문이다. 찾아서 가져가는 경우를 영어로는 pick up이라고 한다.

Will my luggage be secure here?

여기에 짐을 맡겨도 안전한가요?

> ▶ 혹시 짐에 귀중품이 들어 있거나 호텔 측에서 짐들을 소홀히 관리하는 듯한 느낌이 든다면 확인차 한 번 물어보는 것도 좋다.

Tina's Suggestion

Me	**Can I leave my luggage here for a few hours after I check out?**
Hotel staff	Certainly. We offer complimentary luggage storage for our guests on the day of check-out.

. . . .

Me	**Is there a fee for the luggage storage service?**
Hotel staff	No, it's a complimentary service for our guests.
Me	**Until what time can I pick up my luggage?**
Hotel staff	You can pick up your luggage until 10:00 P.M.
Me	**Will my luggage be secure here?**
Hotel staff	Yes, your luggage will be stored securely in our luggage room.

나	체크아웃 후 몇 시간 동안 여기에 짐을 맡길 수 있나요?
호텔 직원	물론입니다. 체크아웃 당일 우리 호텔 숙박객을 위해 무료 짐 보관 서비스를 제공합니다.

- -

나	짐 보관 서비스에 비용이 드나요?
호텔 직원	아니요, 이것은 숙박객을 위한 무료 서비스입니다.
나	짐을 몇 시까지 찾아가면 되나요?
호텔 직원	오후 10시까지 짐을 찾아가실 수 있습니다.
나	제 짐은 여기서 안전하게 보관되나요?
호텔 직원	네, 손님의 짐은 저희 짐 보관실에서 안전하게 보관됩니다.

07 쇼핑

결제 관련 문의하기

'아, 죄송한데, 현금으로 결제 다시 할게요!' 해외에서 신나게 쇼핑을 즐긴 나. 방금 막 카드로 결제했는데 불현듯 오늘까지 현금을 모두 써버려야 한다는 것을 깨달았다. 이미 결제가 되어서 부탁하기에 민망하지만 어쩔 수 없다. 결제를 취소하고 결제 수단을 변경 요청해 보자! 민망한 건 한순간!

How much is it in total?

총 얼마인가요?

▶ 쇼핑 후 계산할 때 필수 문장 1위! 총 금액을 묻는 표현이다. 끝에 in total을 붙이면 된다.

Please keep your receipt for exchanges and refunds.

교환 및 환불은 영수증을 지참하셔야 합니다.

▶ 이 말은 우리가 아닌 직원이 하게 될 말이다. 우리나라뿐만 아니라 대부분의 나라에서는 교환, 환불을 할 때 지켜야 할 것들이 있는데, 그중 하나가 결제 영수증 지참이다.

Would it be okay to cancel the card payment and to pay again with cash?

혹시 카드 결제를 취소하고 현금으로 다시 결제해도 괜찮을까요?

> ▶ 결제를 취소하고 다른 결제 수단으로 다시 요청하게 될 일이 생각보다 많다. 특히 해외에서는 현금을 다 쓰고 귀국하는 것이 좋기 때문이다. 그럴 때 이 문장을 사용해 보자. 번거로운 일이니 사과의 말을 전하는 것을 잊지 말자.

Could you provide the card you used for payment earlier?

아까 결제에 사용한 카드를 다시 주시겠어요?

> ▶ 카드 결제를 취소할 경우 대부분 결제 시 사용했던 카드를 요청한다. 취소 결제를 해야 하기 때문이다. 직원이 이렇게 요청했을 때 알아들을 수 있게 준비하자!

Tina's Suggestion

~~~~~~

Me	**How much is it in total?**
Store staff	It's $95 in total.
Me	Can I pay with my card?
Store staff	Of course.
Me	Here's my card.
Store staff	Thank you.

··· 결제 진행 중 ···

Store staff	Here's your receipt. **Please keep it for exchanges and refunds.**
Me	Oh… actually… **Would it be okay to cancel the card payment and to pay again with cash?** I'm really sorry.
Store staff	Yes, that's possible. **Could you provide the card you used for payment earlier?**
Me	Sure. Here you go.
Store staff	Here's the cancelation receipt. All done.
Me	Thank you.

나	총 얼마인가요?
매장 직원	총 95달러입니다.
나	카드 결제되나요?
매장 직원	물론이죠.
나	여기 제 카드입니다.
매장 직원	감사합니다.

··· 결제 진행 중 ···

매장 직원	여기 영수증 있습니다. 교환 및 환불은 영수증을 지참하셔야 합니다.
나	아··· 실은··· 혹시 카드 결제 취소하고 현금으로 다시 결제해도 괜찮을까요? 정말 죄송해요.
매장 직원	네, 가능합니다. 아까 결제에 사용한 카드를 다시 주시겠어요?
나	네, 여기요.
매장 직원	여기 취소 영수증 드릴게요. 다 됐습니다.
나	감사합니다.

07 쇼핑

교환/환불 요청하기

'환불하고 싶은데요.' 입어 보지 않고 옷을 구매했더니 역시나…! 숙소에 돌아와서 입어 보니 옷이 너무 크다. 교환은 귀찮고 환불하고 싶은데 뭐라고 해야 할지 막막하고, 거기까지 다시 가려니 귀찮기도 하고… 하지만 그냥 사 버리기엔 비싸고! 그래, 그냥 가서 환불해 달라고 하자. 어렵지 않다.

I recently bought this sweatshirt here.

제가 최근에 여기서 이 맨투맨을 구매했는데요.

> ▶ 교환/환불을 원하는 가게에 가서 내가 최근에
> 이 가게에서 구매했음을 밝히는 표현이다.
> 참고로 맨투맨은 영어로 man-to-man이 아니고
> sweatshirt이다.

It doesn't fit me well.

저한테 맞지 않네요.

> ▶ It fits me well.이라고 하면 나에게 '잘 어울린다'라
> 는 말도 되고 '잘 맞는다'라는 말도 된다.
> 부정문으로 이야기하면 '잘 어울리지 않는다'라는
> 의미도 있지만, 사이즈가 맞지 않을 때도 사용한다.

Would you like an exchange or refund?

교환이나 환불을 원하시나요?

▶ 직원이 보통 물어보는 질문이다. 교환(exchange)과 환불(refund)을 각각 영어로 잘 숙지하고 대화를 시작해야 한다.

I'd like [to exchange/a refund].

[교환하고/환불받고] 싶어요.

▶ 내가 무엇을 원하는지 직원에게 전달해 보자. 처음 설명할 때부터 사용할 수 있는 문장이다. 완료 후에는 꼭 감사의 인사도 전하자.

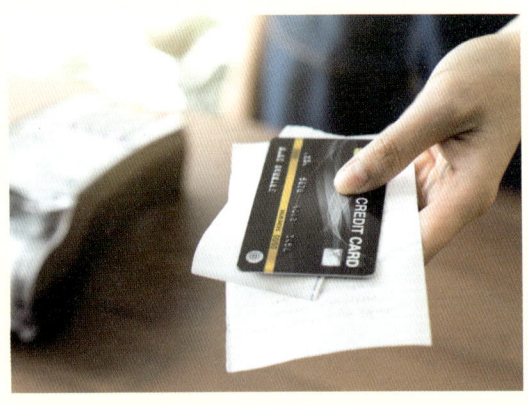

Tina's Suggestion

Me	Excuse me. **I recently bought this sweatshirt here, but it doesn't fit me well.**
Store staff	Okay. **Would you like an exchange or refund?**
Me	Yes, **I'd like a refund.**
Store staff	Sure. When did you make the purchase?
Me	I bought it 2 days ago.
Store staff	Okay. Could you please provide the card you used for the purchase and the receipt?
Me	Sure, here it is.
Store staff	The refund will be processed to this card, but it may take up to 3 to 5 business days, depending on your bank's processing time. Is there anything else I can assist you with?
Me	That's it. Thank you so much.

나	실례합니다. 제가 최근에 여기서 이 맨투맨을 구매했는데, 저한테 잘 맞지 않아서요.
매장 직원	알겠습니다. 교환이나 환불을 원하시나요?
나	네, 환불을 받고 싶어요.
매장 직원	알겠습니다. 언제 구매하셨나요?
나	2일 전에 구매했어요.
매장 직원	그렇군요. 구매에 사용한 카드와 영수증을 주시겠어요?
나	네, 여기 있습니다.
매장 직원	이 카드로 환불이 처리될 건데, 은행의 처리 시간에 따라 3~5 영업일이 걸릴 수 있습니다. 더 도와드릴 거 있나요?
나	이게 다예요. 대단히 감사합니다.

07 쇼핑

그냥 구경 중이에요

'아, 저 그냥 구경 중이에요.' 해외에서 쇼핑하면서 마음 편하게 구경하고 싶은데 직원이 다가와 계속 제품을 추천하거나 도움이 필요하냐며 말을 건넬 수 있다. 영어를 못한다고 후다닥 나와 버린 지난 과거들은 이제 굿바이!

I'm just looking for now. Thanks.

지금은 그냥 둘러보고 있어요. 감사합니다.

> ▶ for now는 '지금은'이라는 뜻이다. look for는 '…를 찾다'라는 뜻인데 여기선 그렇게 쓰인 표현이 아니니 주의하자. 단순히 looking(보고 있는)으로 쓰인 문장이다. 둘러보고 있다는 표현을 더 강조하고 싶다면 look 뒤에 around를 붙일 수 있다.

I'll let you know if I need any assistance.

도움이 필요하면 알려 드릴게요.

> ▶ 도움이 필요하면 알려 드리겠다고 예의 있게 도움을 사양할 수 있는 표현이다.

I'm just checking out what's new.

그냥 새로운 게 무엇이 있는지 보고 있어요.

> ▶ check out은 '확인한다'라는 뜻이다. 신상품이 뭐가 있는지 확인하고 있으니 도움은 됐다는 의미를 전달할 수 있다.

No, I'm fine. I'm just browsing.

아니요, 괜찮아요. 그냥 구경 중이에요.

> ▶ looking around 대신에 많이 사용되는 단어는 browsing이다. 인터넷 브라우징하듯이 구경 중이라는 의미를 전달하는 표현이다.

Tina's Suggestion

Store staff	Hello. Can I help you find something today?
Me	**I'm just looking for now. Thanks. I'll let you know if I need any assistance.**
Store staff	All right. What kinds of things are you interested in? Maybe I can point you to some of our new arrivals.
Me	**No, I'm fine. I'm just browsing. I'm checking out what's new.**
Store staff	Take your time, and if you have any questions, I'm here to help.

매장 직원	안녕하세요. 오늘 찾으시는 것을 도와드릴까요?
나	지금은 그냥 둘러보고 있어요. 감사합니다. 도움이 필요하면 알려 드릴게요.
매장 직원	네. 관심 있는 제품이 있으신가요? 저희 새로운 제품들 몇 가지를 알려 드릴 수 있어요.
나	아니요, 괜찮아요. 그냥 구경 중이에요. 새로운 제품이 무엇이 있는지 보고 있어요.
매장 직원	천천히 구경하시고, 질문이 있으시면 도와드릴게요.

07 쇼핑

쇼핑 콩글리시

~~~~~~

'체크 카드는 영어로 check card?' 원어민은 debit card라고 한다. 가끔 우리나라에서 쇼핑할 때 사용하는 단어 중에 잘못된 콩글리시 표현들이 있다. 그대로 사용해서 의사소통이 안 되면 곤란하므로 미리 숙지해 가자!

I'm just window shopping for now.

저는 지금 그냥 둘러보고 있어요.

> ▶ 우리나라에서는 보통 그냥 둘러본다고 할 때
> 아이쇼핑(eye shopping)이라는 말로 자주 쓴다.
> 그러나 window shopping이 맞는 표현이다.
> 원어민들은 '눈알 쇼핑'이라고 받아들이니
> 주의하자.

Where can I find the hoodies?

후드티는 어디에서 찾을 수 있나요?

> ▶ 우리나라에선 보통 '후드, 후드티'라고 부르는데,
> 영어권 나라에서는 hoodie라고 한다.
> Hood T라고 하면 못 알아들을 가능성이 높으니
> 주의!

Is this dress available in an XS size?

이 원피스는 XS 사이즈로 있나요?

> ▶ 우리나라에서는 '원피스'라는 말을 많이 하는데 영어권 나라에서는 dress라고 부른다.
> one piece는 '하나의 조각'이라는 뜻으로, 우리나라에서 일컫는 드레스류를 지칭하지 않는다.

How much does this tracksuit set cost?

이 트레이닝복 세트 가격이 얼마인가요?

> ▶ 트레이닝복을 training ~을 사용하지 않으니 참고하자. '트레이닝복'은 영어로 tracksuit이고, 마찬가지로 '트레이닝 팬츠'는 training pants가 아니라 track pants이다. 영어로 training pants는 '(아기의) 용변 연습용 팬티'를 이야기하니 더욱 주의.

Tina's Suggestion

~~~~~~

Store staff	How may I help you?
Me	Thanks. **I'm just window shopping for now.**

··· 잠시 후 ···

Me	Excuse me, do you have this sweatshirt in black?
Store staff	Yes, we do. Let me check the stock for you.
Me	Great, and **where can I find the hoodies?**
Store staff	The hoodies are right over there next to the jeans section.
Me	Also, **is this dress available in an XS size?**
Store staff	XS might be sold out. Let me double-check on that for you.
Me	Thanks. **How much does this tracksuit set cost?**
Store staff	This set is $79.99.

Shopping

매장 직원	무엇을 도와드릴까요?
나	고마워요. 지금은 그냥 둘러보고 있어요.

··· 잠시 후 ···

나	실례합니다, 이 맨투맨이 블랙 색상으로 있나요?
매장 직원	네, 있습니다. 재고를 확인해 드릴게요.
나	잘됐네요, 그리고 후드티는 어디에서 찾을 수 있나요?
매장 직원	후드티는 바로 저기, 청바지 코너 옆에 있습니다.
나	그리고 이 원피스는 XS 사이즈로 있나요?
매장 직원	XS 사이즈는 매진된 것 같은데, 다시 한번 확인해 볼게요.
나	감사해요. 이 트레이닝복 세트는 가격이 얼마인가요?
매장 직원	이 세트는 79.99달러입니다.

07 쇼핑

세일 문의하기

'세일 중이다'는 영어로 뭘까? On sale? For sale? 다른 말인가? 헷갈렸던 과거는 이제 작별이다. 해외에서 쇼핑하면서 할인, 세일 관련 표현을 헷갈리지 말고 정확하게 사용해 보자.

Is this item currently on sale?

이 제품은 현재 세일 중인가요?

> ▶ 우리나라에서 흔히 말하는 '할인/세일 중'이라는 표현은 영어로 on sale이다. 참고로 for sale은 '판매 중'이라는 뜻이니 헷갈리지 말자!

How much is the discount for this?

이 제품 할인율이 얼마인가요?

> ▶ 우리나라에서도 흔히 사용되는 단어인 '디스카운트'는 영어권 나라에서도 실제로 사용되는 단어이다. 콩글리시가 아니니 마음 놓고 사용하자!

Does the sale apply to all colors of this model?

이 모델의 모든 색상에 세일이 적용되나요?

> ▶ sale이라는 명사와 apply to라는 동사를 활용하여
> '세일이 …에 적용된다'라는 표현을 사용해 보자.

When does the sale end?

세일이 언제 끝나나요?

> ▶ 세일이 언제까지인지 물어보는 표현이다.
> 이 문장에서 알 수 있듯, 영어에서도 '세일'을
> 명사로 the sale이라고 사용하며 '할인'의 의미를
> 나타낼 수 있다.

Tina's Suggestion

~~~~~~

Me	Excuse me. I'm interested in this jacket. **Is this item currently on sale?**
Store staff	Yes, that jacket is part of our end-of-season sale. It's 30% off right now.
Me	**How much is the discount for this color? Does the sale apply to all colors of this model?**
Store staff	Yes, the discount is the same for all colors.
Me	Great. **When does the sale end?** I might consider buying another one as a gift.
Store staff	The sale ends next Sunday, so you have a week to decide.

나	실례합니다. 이 재킷에 관심이 있어요. 현재 세일 중인가요?
매장 직원	네, 그 재킷은 시즌 종료 세일 제품입니다. 지금 30% 할인 중이에요.
나	이 색상의 할인율이 얼마인가요? 이 모델의 모든 색상에 세일이 적용되나요?
매장 직원	네, 할인은 모든 색상에 대해 적용됩니다.
나	좋네요. 세일이 언제 끝나나요? 선물로 하나 더 구매할까 싶어서요.
매장 직원	세일은 다음 주 일요일에 끝나니, 일주일 정도 결정하실 시간이 있어요.

08 식당·카페

메뉴가 잘못 나왔다

'이거 내가 주문한 게 아닌데…' 유명한 식당을 예약해서 방문하여 설레는 마음으로 주문을 마치고 음식을 기다렸는데, 내가 주문한 음식과 다른 음식이 나왔다. 친구는 그냥 먹으라고 하지만, 난 꼭 그 메뉴를 먹고 싶었다고! 직원을 다시 불러서 상황을 알리고 다시 갖다 달라고 해야겠다.

I ordered A, but I received B instead.

제가 A를 주문했는데, 대신 B가 나왔어요.

▶ order(주문한다)와 receive(받는다)라는 동사가 과거형으로 쓰였음에 유의하자.

Can you please check?

확인해 주실 수 있을까요?

▶ 우리나라에서도 흔히 '체크한다'라는 말을 하는데, 영어도 똑같다. 바로 바꿔 달라고 말하는 것보다는 '먼저 확인해 달라'고 요청해 보자.

That's okay. I'll wait.

괜찮아요. 기다릴게요.

> ▶ I'll wait.은 컴플레인을 걸고 나서 은근히 자주 사용하게 되는 문장이다. 환불 대신 다른 대안으로 해결해 주겠다고 하여 '그냥 기다릴게요'라는 말을 하게 될 때 사용하면 된다.
> 미래를 나타내는 조동사 will이 쓰였음에 유의하자.

In that case, I'll have an orangeade, please.

그럼, 저는 오렌지에이드로 할게요.

> ▶ 음식이나 음료를 주문할 때는 I will have ~가 가장 일반적으로 자연스럽게 쓰이는 표현이다. 앞에는 '그렇다면'이라는 의미의 in that case가 쓰였는데, 컴플레인에 대해서 보상을 받게 되어 추가 주문을 하게 되는 경우 사용할 수 있다.

Tina's Suggestion

~~~~~~

Me	Excuse me. **I ordered the chicken salad, but I received a burger instead. Can you please check?**
Restaurant staff	I apologize for the mistake. Let me see what happened.

··· 잠시 후 ···

Restaurant staff	I'm sorry for the inconvenience. It seems there was a mistake in the order. We need to remake it, and it will take about 20 minutes. You can wait, or if you prefer, we can give you a refund.
Me	**That's okay. I'll wait.**
Restaurant staff	Thank you for your understanding. As a gesture of apology, we'll give you a complimentary drink each while you wait.
Me	Thank you. **In that case, I'll have an orangeade, please.**
Restaurant staff	Sure, I'll get that for you right away.
Me	Great. Thank you so much for your assistance.

나	실례합니다. 제가 치킨 샐러드를 주문했는데, 대신 버거가 나와서요. 확인해 주실 수 있을까요?
식당 직원	실수에 대해 사과드립니다. 어떻게 된 건지 확인해 보겠습니다.

··· 잠시 후 ···

식당 직원	불편하게 해 죄송합니다. 주문받으면서 착오가 있었던 것 같아요. 새로 만들어야 하는데, 20분 정도 소요될 것 같습니다. 기다리셔도 되고, 원하신다면 환불해 드릴 수 있습니다.
나	괜찮아요. 기다리겠습니다.
식당 직원	이해해 주셔서 감사합니다. 사과의 의미로, 기다리시는 동안 무료 음료를 한 잔씩 제공해 드리겠습니다.
나	감사합니다. 그럼, 저는 오렌지에이드로 할게요.
식당 직원	네, 바로 가져다드리겠습니다.
나	좋아요. 도와주셔서 정말 감사합니다.

08 식당·카페

식당에서 추가 주문을 제안할 때

'추가 금액이 발생하나요?' 식당에 앉아 인터넷에서 후기가 좋은 메뉴들을 골라 주문을 완료했다. 그런데 웨이터가 마실 건 필요 없냐면서 물도 주문하겠냐고 묻는다. 우리나라에선 당연히 물이 공짜이지만 어떤 나라들은 물도 돈을 받는다고 하던데… 그냥 주문할까 싶었지만 혹시나 싶어서 물어보고 싶은 당신! 아래 문장들을 확인해 보자.

Would you like to add any sides or appetizers?

사이드 메뉴나 애피타이저를 추가하시겠어요?

> ▶ 주문을 받는 직원이 가장 많이 하는 말은
> <Would you like to [동사] ~?>이니 숙지해 두자.
> '[동사] 하시겠습니까?'라는 표현이다.
> 여기서 add는 '추가한다'라는 뜻이다.

No, I'm good. Thanks.

아니요, 괜찮아요. 감사합니다.

> ▶ I'm good.은 우리나라 말로 '괜찮아요.'라는 표현이
> 다. 즉 완곡한 거절의 표현. good이 들어가서
> 긍정의 표현으로 착각할 수 있어서 영미권이 아닌
> 나라들에서는 잘못 이해하는 경우도 있다.
> 앞에 No를 붙여서 말하는 것을 잊지 말자.
> 헷갈리면 그냥 No, thanks.라고 해도 된다.

Can I get you [~]?

[…] 드릴까요?

> ▶ 주문을 받는 직원이 하는 말이다. 귀찮아서 그냥 Yes!라고 해 버리면 나중에 계산서를 보고 당황스러울 수 있다. 어떤 추가 주문을 제안한 건지 확인해 보자.

Is that complimentary, or is there an additional charge?

무료인가요, 아니면 추가 요금이 있나요?

> ▶ 서비스를 이용할 때 필수 단어! complimentary는 여기서 '칭찬하는'이 아닌 '무료의'(free of charge)라는 뜻이다. 단어가 길어서 헷갈리면 그냥 편하게 Is that free?라고 물어봐도 된다.

Tina's Suggestion

~~~~~~

Restaurant staff	Good evening! Are you ready to order?
Me	Good evening! Yes, I'm ready. I'll have the grilled salmon, please.
Restaurant staff	An excellent choice! **Would you like to add any sides or appetizers** to complement your meal?
Me	**No, I'm good. Thanks.**
Restaurant staff	Anything to drink? **Can I get you a bottle of water?**
Me	Sure. **Is that complimentary, or is there an additional charge?**
Restaurant staff	There's an additional charge for that. It's $5 for a bottle of water.
Me	Oh, I see. In that case, I'll just have orange juice.

식당 직원	안녕하세요! 주문하실 준비 되셨나요?
나	안녕하세요! 네, 준비됐어요. 저는 구운 연어로 할게요.
식당 직원	훌륭한 선택이세요! 식사에 어울리는 사이드 메뉴나 애피타이저를 추가하시겠어요?
나	아니요, 괜찮아요. 감사합니다.
식당 직원	마실 거는요? 물 한 병 드릴까요?
나	네. 무료인가요, 아니면 추가 요금이 있나요?
식당 직원	추가 요금이 있습니다. 물 한 병에 5달러예요.
나	아, 그렇군요. 그럼, 그냥 오렌지 주스 마실게요.

08 식당·카페

계산을
어떻게 해야 하지

'저기, 계산이요….' 우리나라에서는 식사를 마치면 영수증을 챙겨 카운터로 가서 계산하고 나가면 끝인데… 이 나라는 조금 다른 것 같다. 직원을 호출하는 벨도 없고 지나가는 직원에게 계산을 물어보니 기다려 달라고 하고는 말이 없다. 우리 테이블을 담당하는 서버를 불러 다시 요청해 보자.

Could I get the bill, please?

계산서를 받을 수 있을까요?

▶ 계산하고 싶다는 말을 전달하려면 영어권 나라에서는 보통 계산서를 달라고 요청한다. 영어로는 get the bill이니 외워 두자. 그냥 The bill, please?라고 해도 된다.

Is the tip included in the price?

팁이 가격에 포함되어 있나요?

▶ 특히 서버에게 팁을 줘야 하는 식당의 경우 계산 시 혼란스러울 수 있는데, 최종 가격을 받고 팁이 포함된 가격인지 물어보는 것도 좋은 방법이다. 그것이 아니라면 팁에 대해서 상세히 안내해 줄 것이다.

Can we split the bill?

계산을 나눠서 할 수 있나요?

▶ 여러 사람이 함께 식사할 경우 각자의 몫을 따로 계산하고 싶을 때 '따로 계산하겠다'라는 표현으로 '계산서를 나누다'(split the bill)라는 말을 쓴다.

Do you accept credit cards?

신용 카드를 받나요?

▶ 결제 수단으로 신용 카드를 사용할 수 있는지 물어보고 싶을 때 쓰는 표현이다. credit cards 대신 cash, a gift card 등으로 바꿔서 사용할 수 있다.

Tina's Suggestion

~~~~~~

Me	**Could I get the bill, please?**
Restaurant staff	Of course. Here you go.
Me	**Is the tip included in the price?**
Restaurant staff	Yes, it's already included. Would you like to pay together or separately?
Me	**Can we split the bill?** Three of us will pay separately.
Restaurant staff	Sure. I can do that. And how will you be paying?
Me	**Do you accept credit cards?** I'll be paying with mine.
Restaurant staff	Of course.

나	계산서를 받을 수 있을까요?
식당 직원	물론입니다. 여기 있습니다.
나	팁이 여기에 포함되어 있나요?
식당 직원	네, 이미 포함되어 있습니다. 함께 지불하시겠어요, 아니면 따로 하시겠어요?
나	계산을 나눠서 할 수 있나요? 저희 셋은 따로 결제할게요.
식당 직원	물론입니다. 그렇게 해 드릴게요. 어떻게 결제하시겠어요?
나	신용 카드를 받으시나요? 저는 제 카드로 결제할게요.
식당 직원	그럼요.

Tip 4   영미권 식당의 계산과 팁 문화

계산 문화

대부분의 영미권 국가에서는 식당에서 음식을 주문한 후 계산을 요청하면 계산서를 테이블에 가져다준다. 주로 신용 카드나 현금으로 지불하며, 카드 결제 시에는 계산서에 희망하는 팁 %를 적고 카드와 함께 돌려주면 웨이터나 웨이트리스가 가져가거나 카드 리더기를 가져와 계산하게 된다. 일부 식당은 자동으로 팁을 추가하여 결제하기도 한다. 현금의 경우 팁을 포함한 금액을 계산서 위에 올려 두고 나가면 된다.

팁 문화

영미권의 많은 국가에서는 식당에서 서비스를 받은 후 팁을 주는 것이 일반적이다. 팁의 금액은 전체 음식 가격의 일정 비율로 책정되며, 대부분의 경우 15%에서 20% 정도를 팁으로 계산해야 한다. 팁은 선택이 아닌 필수라고 생각하는 게 마음이 편하다. 정말 드문 경우 엉망인 서비스를 받았거나 크게 기분 상할 일이 생겼을 때는 안 내고 나오는 경우도 있다.

08 식당·카페

예약 없이 워크인 입장하기

'아, 저희는 예약을 안 했는데요…' 이 나라는 웬만한 식당들은 예약하고 방문하는 것 같다. 하지만 해외여행객들에게 예약 후 입장은 쉽지 않은 선택! 특히 유명한 인기 많은 식당이거나 사람이 붐비는 시간대에는 워크인으로 입장이 안 되는 경우가 많기 때문에 워크인으로 입장하게 되면 꼭 알아 두어야 하는 표현들이 있다.

Hello. Do you have a table available for walk-ins?

안녕하세요, 워크인 테이블이 있나요?

> ▶ 예약 없이 방문했을 때 사용하는 기본적인 문장이다.
> walk-in이라는 단어를 꼭 알아 두자.
> 말 그대로 걸어서 들어간다는 말로 예약 없이
> 입장한다는 말이다.

How long is the wait for a table for two?

두 명을 위한 테이블 대기 시간은 얼마나 되나요?

> ▶ 예약 없이 워크인으로 입장 시 우리나라처럼
> 웨이팅이 있는 식당들이 많다. 특히 인기 식당이라
> 면 더더욱 그렇다. 대기 시간을 꼭 물어보도록 하고
> 인원수는 <for + 숫자>로 표현하면 된다.

Is there a bar or lounge area where we can wait?
저희가 기다릴 수 있는 바나 라운지 구역이 있나요?

> ▶ 식당, 바, 라운지 등 복합적인 공간들이
> 모여 있는 곳이라면 근처에 주로 손님들이
> 기다릴 만한 곳이 있을 수 있다.

Can we get a drink at the bar while we wait?
기다리는 동안 바에서 음료를 주문할 수 있나요?

> ▶ 다른 곳에서 대기할 때 음료, 디저트 등을
> 주문하고 싶다면 이렇게 물어보면 된다.

Tina's Suggestion

~~~~~~

Me	**Hello. Do you have a table available for walk-ins?** There are two of us.
Restaurant staff	Let me check for you. There might be a short wait.
Me	**How long is the wait for a table for two?**
Restaurant staff	It's about a 15-minute wait.
Me	**Is there a bar or lounge area where we can wait?**
Restaurant staff	Yes, there's a lounge area right over there.
Me	**Can we get a drink at the bar while we wait?**
Restaurant staff	Of course. I'll put your name on the list and will call you once the table is ready.

나	안녕하세요. 워크인 테이블이 있나요? 저희는 두 명입니다.
식당 직원	확인해 보겠습니다. 조금 기다리셔야 할 수도 있습니다.
나	두 명을 위한 테이블 대기 시간은 얼마나 되나요?
식당 직원	대기 시간은 대략 15분 정도입니다.
나	저희가 기다릴 수 있는 바나 라운지 구역이 있나요?
식당 직원	네, 바로 저기 라운지 구역이 있습니다.
나	기다리는 동안 바에서 음료를 주문할 수 있나요?
식당 직원	물론입니다. 이름을 리스트에 올려 두고, 테이블이 준비되는 대로 호출해 드리겠습니다.

08 식당·카페

복잡한 사이드 메뉴 주문하기

'계란 종류가 왜 이리 많아…' 미국, 유럽권 나라 등에서는 계란, 우유, 고기 등을 주문할 때 정말 다양한 선택권이 있는 경우가 많다. 특히 알레르기에 민감한 나라의 경우 특정 재료에 대한 가감이 자유로운 편인데, 한국인 입장에서는 결정해야 하는 게 많아 당황스러울 때가 종종 있다. 아래 표현들은 미리 익히고 가 보자.

I'd like my eggs poached, please.

수란으로 부탁드립니다.

> ▶ 수란은 영어로 poached eggs이다. 이 밖에도 완숙은 over hard, 양면으로 익힌 반숙은 over easy, 한 면만 익힌 반숙은 sunny-side up, 스크램블은 scrambled 등의 계란 옵션이 있다.

Could I get the steak done medium rare?

스테이크는 미디엄 레어로 해 주시겠어요?

> ▶ 스테이크는 대부분 고기 굽기 정도를 선택할 수 있게 한다. 바싹 굽기부터 레어 순서로 well done, medium well done, medium, medium rare, rare이다.

Can I have almond milk in my coffee instead of regular milk?

커피에 일반 우유 대신 아몬드 우유를 넣을 수 있나요?

> ▶ 특히 미국 등의 나라들은 우유 등 유제품에 대한 선택지가 굉장히 다양한 편이다. 우리나라의 스타벅스만 봐도 알 수 있는데, 두유(soybean milk) 무지방 우유(skim milk), 저지방 우유(low-fat milk) 등 선택지가 다양하다.

Is it possible to have the chicken grilled, not fried?

치킨을 튀기지 않고, 그릴에 구워 주실 수 있나요?

> ▶ 요리하는 방식을 영어로 알면 원하는 방식으로 요리들을 맛볼 수 있다. cook(익히다), boil(끓이다), fry(튀기다/볶다), grill(그릴에 굽다), bake(굽다) 등이 있다.

Tina's Suggestion

Me	Good morning. I have some specific requests for my order.
Restaurant staff	Of course, what would you like?
Me	**I'd like my eggs poached, and could I have the steak done medium rare?**
Restaurant staff	Certainly. We can prepare them that way for you. How about your coffee?
Me	**Can I have almond milk in my coffee instead of regular milk?** And for the chicken dish, **is it possible to have the chicken grilled, not fried?**
Restaurant staff	Yes, we can substitute almond milk for your coffee and grill the chicken for you. Anything else?
Me	That's all. Thank you. Could you please ensure that there's no dairy in any of the dishes?
Restaurant staff	Of course. I'll make a note for the kitchen to exclude dairy.

나	좋은 아침입니다. 주문에 대해 몇 가지 특별한 요청이 있어요.
식당 직원	물론이죠, 무엇을 도와드릴까요?
나	수란으로 부탁드리고, 스테이크는 미디엄 레어로 해 주시겠어요?
식당 직원	물론입니다. 그렇게 준비해 드릴 수 있습니다. 커피는 어떻게 드릴까요?
나	커피에 일반 우유 대신 아몬드 우유를 넣을 수 있나요? 그리고 치킨 요리는 튀기지 않고 그릴에 구워 주실 수 있나요?
식당 직원	네, 커피에 아몬드 우유로 대체해 드릴 수 있고, 치킨은 그릴에 구워 드릴 수 있습니다. 더 필요한 것이 있으신가요?
나	그게 다입니다. 감사합니다. 모든 요리에 유제품이 들어가지 않도록 해 주실 수 있나요?
식당 직원	물론이죠. 주방에 유제품을 빼 달라고 메모해 두겠습니다.

09 관광지

외국인 관광객 할인이 되는지 궁금하다

'혹시 외국인 할인 되나요?' 해외 여행지에서 관광지를 돌아다니다 보면 유료 입장을 해야 하는 경우가 많다. 우리나라 관광지도 마찬가지인데, 해외 여행지에도 외국인 방문객들에게는 전용 할인 혜택을 제공하는 경우가 꽤 있으니 물어보면 손해 볼 일은 없을 것이다.

How much is the admission fee?

입장료는 얼마인가요?

> ▶ 관광지의 경우 the admission fee(입장료)라는 단어를 알아 두면 좋다. 헷갈릴 경우 그냥 How much is it for one adult?(성인 한 명에 얼마인가요?)라고 물어봐도 이해한다.

Do you offer any discounts for international tourists like me?

저 같은 국제 관광객에게 할인 혜택을 제공하나요?

> ▶ offer는 '제공하다'라는 뜻이다. 목적어에 any discounts를 넣어서 '어떠한 할인을 제공하나?' 라는 문장을 완성할 수 있다. 핵심어는 discounts (할인)이다.

I'd like to purchase two tickets for adults, please.

성인 티켓 두 장 구매하겠습니다.

> ▶ purchase는 '구매하다'라는 뜻의 동사이며, 당연히 buy로 바꿔 써도 문제없다. 성인과 아동 티켓이 따로 있는 곳이라면, 티켓 뒤에 for adults, for children을 붙이면 된다.

Are there any additional services like guided tours or audio guides?

가이드 투어나 오디오 가이드 같은 부가 서비스도 있나요?

> ▶ guided tours나 audio guides는 우리나라에서 쓰이는 단어 그대로 쓰면 되기 때문에 편리할 것이다.

Tina's Suggestion

Me	Hi. **How much is the admission fee?**
Staff	Hello! It's $10 for adults and $5 for children under 12.
Me	Ah, **do you offer any discounts for international tourists like me?**
Staff	Yes, international tourists can enjoy a 10% discount on admission tickets with a valid passport.
Me	Great. **I'd like to purchase two tickets for adults, please.** Here is my passport.
Staff	Your total is $20. Here are your tickets.
Me	And **are there any additional services like guided tours or audio guides?**
Staff	Yes, indeed! Guided tours start every hour from 10:00 A.M., and you can rent an audio guide for $5 at the ticket counter.

나	안녕하세요. 입장료는 얼마인가요?
직원	안녕하세요! 성인은 10달러이고 12세 미만 어린이는 5달러입니다.
나	아, 저 같은 국제 관광객에게 할인 혜택을 제공하나요?
직원	네, 유효 여권을 제시하시면 국제 관광객들은 입장 티켓에 대해 10% 할인을 받으실 수 있습니다.
나	좋아요. 성인 티켓 두 장 구매하겠습니다. 여권 여기 있습니다.
직원	총 20달러입니다. 여기 티켓이요.
나	그리고 가이드 투어나 오디오 가이드 같은 부가 서비스도 있나요?
직원	네, 그럼요! 가이드 투어는 오전 10시부터 매시간 시작되며, 매표소에서 오디오 가이드를 5달러에 대여할 수 있습니다.

09 관광지

짐을 맡아 주실 수 있나요?

'혹시 짐 맡길 곳이 있나요?' 원래는 호텔에 들렀다가 로비에 짐을 맡기고 오려고 했지만, 시간이 없어서 부득이하게 짐을 다 들고 놀러 왔다! 이걸 다 들고 돌아다닐 순 없으니 직원에게 문의를 하자. 정 안 되면 근처 지하철역 물품 보관함이라도 가야 한다.

Is there a place to leave my bags?

짐을 맡길 수 있는 공간이 있나요?

> ▶ '짐을 맡기다'라고 할 때는 동사를 leave(두다, 두고 가다)를 사용하니 헷갈리지 말자. 목적어로는 my [bags/luggage/baggage] 다 가능하다. 당연히 호텔 로비에 짐을 맡길 때도 사용할 수 있는 표현이다.

How much is it to store my bags here?

여기에 가방을 보관하는 데 얼마나 드나요?

> ▶ 여기서 store는 '가게'가 아니라 '보관하다'라는 의미의 동사이다.

Until what time can I store them?

가방을 언제까지 보관할 수 있나요?

▶ '언제까지 …할 수 있나요?'라는 문장을 만들 때는 Until what time can I ~?라고 하면 된다.

Do you also [store/keep] valuables or larger items?

귀중품이나 큰 물건도 보관해 주나요?

▶ 맡기는 입장이 아니라 맡아 주는 입장에서 사용하는 동사는 store뿐만 아니라 keep도 가능하다. valuables는 명사로 사용될 경우 '귀중품'이라는 뜻이다. 또한 너무 큰 가방은 보관이 불가능할 수 있으니 꼭 물어보자.

Tina's Suggestion

Me	Excuse me. **Is there a place to leave my bags?**
Staff	Sure, we have a luggage storage service available.
Me	Great! **How much is it to store my bags here?**
Staff	It's $5 per bag.
Me	**Until what time can I store them?**
Staff	You can store them until 8:00 P.M.
Me	Awesome. That works for me. **Do you also keep valuables or larger items?**
Staff	Yes, we provide secure storage for valuables and larger items as well.
Me	That's wonderful. Thanks for the help!

나	실례합니다. 짐을 맡길 수 있는 공간이 있나요?
직원	네, 짐 보관 서비스 이용이 가능하십니다.
나	다행이네요! 여기에 가방을 보관하는 데 얼마나 드나요?
직원	가방 당 5달러입니다.
나	가방을 언제까지 보관할 수 있나요?
직원	오후 8시까지 보관 가능합니다.
나	잘됐네요. 시간도 딱 맞네요. 귀중품이나 큰 물건도 보관해 주나요?
직원	네, 귀중품과 큰 물건에 대한 안전한 보관 서비스도 제공합니다.
나	좋네요. 도와주셔서 감사합니다!

Tip 5 놀이공원에서 줄 서 있는데 화장실 가고 싶은 당신이 알아야 하는 표현

Excuse me. Could you hold my place in line while I use the restroom? It won't take long.

실례합니다. 저 화장실 다녀오는 동안 잠시 자리 좀 맡아 주실 수 있나요? 오래 안 걸려요.

09 관광지

사진 찍어 달라고 요청하기

'저, 죄송한데 사진 좀…' 해외여행 중 사진 촬영을 요청할 때는 한국인들을 찾아야 한다고 하던데 안타깝게도 보이지 않는다. 떨리지만 지나가는 사람들에게 요청해 보자. 잘 찍어 줘야 할 텐데!

Excuse me. Could you please take a photo of us?

실례합니다. 저희 사진 좀 찍어 주실 수 있나요?

> ▶ '사진을 찍는다'는 영어로 take a photo/picture이다. 기본적인 표현이니 꼭 알아 두자. 상대방에게 부탁할 때는 Can you please ~?라고 말하며 부탁하면 된다.

Would you mind taking our picture here?

여기서 우리 사진 좀 찍어 주시겠어요?

> ▶ 조금 더 공손하게 Would you mind ~ing? 표현을 사용할 수 있다. 혹시 (연예인, 유명인 등을 만나) 같이 사진을 찍고 싶다면 with us를 끝에 추가하자.

Could you take it horizontally/vertically?

가로로/세로로 찍어 주실 수 있나요?

▶ 낯선 사람들에게 사진 촬영을 부탁하노라면 잘 찍힐까 걱정될 수 있는데, 그럴 땐 원하는 앵글을 미리 요청하는 것도 좋은 방법이다.

Please make sure the building is fully in the frame.

뒤에 건물이 다 나오게 찍어 주세요.

▶ 사진을 건지고 싶다면 자세하게 디렉션을 주는 것도 좋은 방법이다. 무언가가 프레임 안에(in the frame) 나올 수 있게 요청하는 표현이다.

Tina's Suggestion

~~~~~~

Me	**Excuse me. Could you please take a photo of us?** We'd like it with that stunning building in the background.
Passerby	Of course. Where would you like me to stand?
Me	**Would you mind taking our picture here? And could you take it horizontally so the building is fully in the frame?**
Passerby	Got it.
Me	Thank you so much. **Could you also take one vertically?** We really appreciate your help.
Passerby	No problem. There you go, I hope you like them.

나	실례합니다. 혹시 저희 사진 좀 찍어 주실 수 있나요? 저 멋진 건물을 배경으로 찍고 싶어요.
지나가는 사람	물론이죠. 제가 어디에 서면 될까요?
나	여기서 찍어 주시겠어요? 그리고 가로로 찍어서 건물이 전부 프레임에 들어가게 해 주시겠어요?
지나가는 사람	알겠습니다.
나	정말 감사합니다. 세로로도 한 장 찍어 주실 수 있나요? 도와주셔서 정말 감사해요.
지나가는 사람	문제없어요. 여기요, 마음에 들었으면 좋겠네요.

09 관광지

줄 맡아 달라고 요청하기

'잠시 화장실에 다녀오려고 하는데…' 놀이공원, 유명 관광지, 맛집, 카페 등 대기 줄이 정말 길게 늘어져 있는 경우 자리를 잠시 비우고 싶을 때가 있다. 여기가 한국이면 잠시 부탁할 텐데 영어로는 뭐라고 말해야 하지?

Could you please hold my spot in line? I'll be right back.

제 자리 좀 지켜 주실 수 있나요? 금방 돌아올게요.

▶ hold my spot은 '나의 자리를 지키다'라는 의미로 줄을 기다리는 동안 자리를 맡아 달라고 할 때 사용할 수 있는 표현이다.

Excuse me. Would you mind holding my spot for just a moment? I need to use the restroom.

실례합니다. 잠시 제 자리를 맡아 주실 수 있나요? 화장실을 다녀와야 해서요.

▶ 부탁하는 상황이기 때문에 Excuse me.로 예의 있게 말을 거는 것이 좋다.
Would you mind ~ing?는 격식 있게 부탁하는 표현이다.

Hey. Sorry to bother you. Do you think you could save my spot for a minute? I'll be right back after a quick bathroom break.

저기요. 귀찮게 해서 죄송합니다. 잠시 제 자리 좀 맡아 주실 수 있나요? 화장실에 금방 다녀올게요.

> ▶ 옆 사람들이 대화 중인 도중에 말을 걸어야 하는 상황이라면 Sorry to bother you.(귀찮게 해서 죄송하다.)라고 말을 시작하면 좋다.
> save my spot이라는 표현도 자리를 맡아 달라는 표현이다. bathroom break는 우리나라 말로 화장실 타임이다.

Hey. Do you mind watching my spot for a minute? I need to use the restroom really quickly.

안녕하세요. 잠시 자리를 맡아 주실 수 있을까요? 빠르게 화장실에 다녀오려고 하는데요.

> ▶ watch my spot이라는 표현도 가능하다.
> '내 자리를 봐 달라'는 표현이다.

Tina's Suggestion

Me	**Excuse me. Would you mind holding my spot for just a moment? I need to use the restroom.**
Person in Line	Sure, no problem. Take your time.

· ·

Me	**Hey. Sorry to bother you. Do you think you could save my spot for a minute? I'll be right back after a quick bathroom break.**
Person in Line	Of course. Go ahead.

· ·

Me	**Hey. Do you mind watching my spot for a minute? I need to use the restroom really quickly.**
Person in Line	Yeah, that's fine. I'll be here.

· ·

Me	Excuse me. I need to step away for a moment. **Could you please hold my spot in line? I'll be right back.**
Person in Line	Sure, no problem.

나	실례합니다. 잠시 제 자리를 맡아 주실 수 있나요? 화장실을 다녀와야 해서요.
줄에 대기 중인 사람	물론이죠, 문제없습니다. 천천히 다녀오세요.

나	저기요. 귀찮게 해서 죄송합니다. 잠시 제 자리 좀 맡아 주실 수 있나요? 화장실에 금방 다녀올게요.
줄에 대기 중인 사람	물론이에요. 가 보세요.

나	안녕하세요. 잠시 자리를 맡아 주실 수 있을까요? 빠르게 화장실에 다녀오려고 하는데요.
줄에 대기 중인 사람	네, 괜찮아요. 제가 여기 있을게요.

나	실례합니다. 제가 잠시 자리를 비워야 해요. 제 자리 좀 지켜 주실 수 있나요? 금방 돌아올게요.
줄에 대기 중인 사람	네, 문제없어요.

09 관광지

꼭 알아야 하는 유용한 질문들

'아, 몰랐네.' 관광지에서는 시간이 돈이기 때문에 혼자 알아내는 것보다 관계자에게 질문해서 빠르게 해결하는 것이 제일 좋은 선택이다. 영어로 질문하기가 꺼려져서 모르고 지나가면 나만 손해! 관광지에서 알고 있으면 좋은 필수 질문들을 모아 두었다.

How long is the wait usually?

대기 시간이 보통 얼마나 걸리나요?

▶ 대기가 있다고 안내를 받고 나서 무작정 기다렸다가는 대기하느라 서너 시간을 우습게 허비할 수 있다. 꼭, 보통은 wait이 얼마나 오래 걸리는지 물어보자.

Where is the nearest restroom?

가장 가까운 화장실이 어디에 있나요?

▶ 넓은 공항, 쇼핑센터, 호텔 로비 등 처음 보는 장소를 찾아다니는 것은 여간 힘든 일이 아니다. 특히 여행 중에는 일분일초가 소중하므로, 가까운 안내 데스크나 직원에게 내가 찾는 장소가 어디 있는지 물어보자.

What are the opening hours?

운영 시간이 어떻게 되나요?

> ▶ 꼭 방문하고 싶은 쇼핑센터, 백화점, 아울렛 등
> 운영 시간이 따로 있는 장소가 있었는데,
> 막상 도착하고 보니 곧 문을 닫을 시간이
> 되었다거나 하는 돌발 상황이 있을 수 있다.
> 그럴 때는 직원에게 운영 시간을 정확히 물어보고
> 재방문을 계획해 보자.

Is there a guidebook or map available?

가이드북이나 지도를 구할 수 있나요?

> ▶ 놀이공원, 유적지, 박물관 등 안내가 필요한 공간은
> 가이드북 혹은 내부를 보여 주는 지도가 있을 수
> 있다. 다 돌아보고 나서야 '아! 지도 있었네!'라고
> 하지 말고 미리 문의하여 효율적으로 그 공간을
> 누려 보자.

Tina's Suggestion

Me	Excuse me. **How long is the wait usually for the main exhibit?**
Staff	The wait can be up to 30 minutes during peak hours.
Me	I see. Thank you. And **where is the nearest restroom?**
Staff	The nearest restroom is just down the hall to the left.
Me	Great. **Whhat are the opening hours?**
Staff	We're open from 9:00 A.M. to 7:00 P.M.
Me	Perfect. Lastly, **is there a guidebook or map available for visitors?**
Staff	Yes, you can pick up a map at the entrance. Guidebooks are available at the gift shop.

나	실례합니다. 주 전시를 보기 위한 대기 시간이 보통 얼마나 걸리나요?
직원	성수기에는 대기 시간이 최대 30분까지 걸릴 수 있습니다.
나	알겠습니다. 감사합니다. 그리고 가장 가까운 화장실이 어디에 있나요?
직원	가장 가까운 화장실은 복도를 따라 왼쪽에 있습니다.
나	좋습니다. 운영 시간은 어떻게 되나요?
직원	오전 9시부터 오후 7시까지 운영됩니다.
나	완벽해요. 마지막으로, 방문객을 위한 가이드북이나 지도를 구할 수 있나요?
직원	네, 입구에서 지도를 가져갈 수 있습니다. 가이드북은 기념품점에서 구하실 수 있습니다.

10 긴급 상황
도난/분실을 당했다

'소매치기당했다…' 이럴 수가! 소문으로만 듣던 소매치기를 내가 당할 줄이야. 그것도 시내 한복판에서! 쥐도 새도 모르게 당해 버려서 쫓아갈 수도 없고 충격과 공포감에 멍하니 서 있는 당신, 그래도 다친 곳이 없으니 다행이다. 우선 정신 차리고 근처 경찰서로 가야 한다.

I've just had something stolen.

방금 도난을 당했습니다.

> ▶ steal은 '훔치다'라는 뜻이다. 누군가가 나의 물건을 훔쳐 간 상황이기 때문에 stolen으로 변형해서 사용해야 한다. something 대신에 my passport 혹은 my wallet과 같이 특정 물건을 넣어도 된다.

I was at [장소] when I realized my bag was open and my wallet and passport were gone.

[장소]에 있다가 확인해 보니 가방이 열려 있었고 제 지갑과 여권이 사라지고 없었습니다.

> ▶ 도난당한 대략적인 장소와 시간, 그리고 물품을 설명해야 한다.

Can I get some paperwork for the stolen items? I need to submit it to my insurance company.

혹시 도난품에 대한 서류를 받을 수 있나요? 보험사에 제출해야 해서요.

> ▶ '서류 등을 받을 수 있느냐'는 질문에는
> get some paperwork를 사용하면 된다.
> '문서'는 영어로 documentation이라고 하는데
> 복잡할 때는 그냥 paperwork를 사용하자.
> 사용처를 묻는다면 insurance company(보험사)를
> 이야기하면 된다.

Please make sure to cancel any credit cards or notify us about the stolen items.

신용 카드를 모두 정지시키거나 도난당한 물품에 대해 저희에게 꼭 알려주세요.

> ▶ 경찰이 안내해 줄 수 있는 말이지만,
> 따로 안내해 주지 않더라도 우리 스스로
> 숙지해야 하는 상황이다.

Tina's Suggestion

~~~~~~

Me	Excuse me. **I've just had something stolen.**
Police officer	Can you please provide me with some details?
Me	Yes. **I was at the market when I realized my bag was open and my wallet and passport were gone.**
Police officer	Okay. We'll file a report and investigate the matter further. **Please make sure to cancel any credit cards or notify us about the stolen items.**
Me	Thank you. **Can I get some paperwork for the stolen items? I need to submit it to my insurance company.**
Police officer	Sure, I'll prepare the report for you.

나	실례합니다. 방금 도난을 당했습니다.
경찰	더 자세한 정보를 알려 주시겠어요?
나	네. 시장에 있다가 확인해 보니 가방이 열려 있었고 제 지갑과 여권이 사라지고 없었습니다.
경찰	알겠습니다. 저희는 이 사건에 대해 보고하고 더 조사를 하게 될 텐데요. 신용 카드를 모두 정지시키거나 도난당한 물품에 대해 저희에게 꼭 알려주세요.
나	감사합니다. 혹시 도난품에 대한 서류를 받을 수 있나요? 보험사에 제출해야 해서요.
경찰	그럼요, 준비해 드릴게요.

Tip 6 도난 사고가 발생했을 경우

경찰에 신고하기

가장 먼저 현지 경찰서에 도난 사건을 신고해야 한다. 이때, 여권과 현금 등을 도난당했다는 것을 명확히 밝혀야 한다.

경찰 조사 현황을 문서화하기

경찰 조사가 진행되는 동안, 작성하고 발급되는 서류가 있다면 꼭 사본까지 챙겨서 추후 여행자 보험을 통해 보상을 받을 수 있게끔 필요한 서류들을 준비하자. 참고로, 분실은 보상 대상이 아니고 경찰서에 가서 도난으로 신고해야 보상받을 수 있다.

대사관이나 영사관에 연락하기

도난당한 여권이나 비자 등을 즉시 대사관이나 영사관에 신고하자. 그래야 도난당한 여권을 무효화하고 대체 여권을 발급받을 수 있다.

주변 도움 요청하기

도난당한 곳의 주변 상인이나 호텔 스태프 등에게 도움을 요청해 보자. 현지인들은 주변 상황을 잘 알고 있을 수 있으며, 경찰서 위치 등 도움을 줄 수 있는 경우가 많다.

신용 카드 및 은행에 연락하기

도난당한 신용 카드 또한 즉시 정지하여 추가적인 손해를 방지해야 한다. 해당 카드사에 연락하여 상황을 알리고 필요한 도움이 있다면 받아 보자.

Tip 7   현실과 이상

사실 앞의 대화문은 이상적인 상황에 가깝다. 특히 유럽권의 나라는 일처리가 굉장히 느리고 경찰 측에서도 조사를 해 준다고는 하지만 대부분 적극적이지 않으므로, 유감이지만 도난품은 못 찾는다고 봐야 한다. 대사관에서도 도난품에 대해서는 사실상 큰 도움을 주지 못한다. 여행 전에 여행자 보험을 들어 도난에 대한 보상을 받는 것 외에는 크게 할 수 있는 것이 없으므로, 도난품을 되찾으려고 노력하기보다는 빠르게 털고 일어나는 것이 정신 건강에 좋다.

10 긴급 상황
해외여행 중에 아프다

'아… 약국 가야겠다.' 정말 절망적인 상황이다. 여행 와서 아프다니… 심지어 단순 감기 몸살도 아니고 증상이 심각하다. 해외는 병원비가 어마어마하다고 하니, 우선 약국에 가서 약 처방을 받고 지켜봐야 할 것 같다. 우선 증상과 증상 발현 시간 등을 영어로 준비해서 가야겠다.

I feel unwell.

몸이 안 좋습니다.

> ▶ 우선 몸이 좋지 않아서 방문했음을 알리자.
> feel unwell이 일반적이고 포괄적으로 몸 상태가
> 안 좋을 때 사용하는 표현이다. feel sick은
> '아프다'라는 느낌보다는 구체적으로 구토나
> 메스꺼움을 표현할 때 사용된다.

I have a headache and a sore throat, and I'm very tired.

머리와 목이 아프고, 굉장히 피곤해요.

> ▶ 나의 구체적인 증상을 영어 단어로라도 준비해서
> 약국에 방문하자. 다음 팁에 다양한 증상의
> 영어 표현들이 있으니 참고하자.

Do you have a fever?

혹시 열이 나시나요?

> ▶ 코로나 이후로 해외에서도 열이 있는지 없는지를 중요하게 생각한다. 해열제를 받을 수 있는지 없는지도 달려 있으니 have a fever(열이 나다) 표현을 잊지 말자.

Have you taken any medication recently?

최근에 약을 복용한 적이 있나요?

> ▶ 약국에 오기 전에 혼자 비상약을 먹었다면 꼭 약을 챙겨가거나 약의 성분을 검색하여 보여 주자. 어떤 약들은 섞어서 복용하면 부작용이 생기기 때문이다. 알약은 pill이라고 하고 포괄적으로 약을 medication이라고 한다.

Tina's Suggestion

Me	Excuse me, **I feel unwell.** Do you speak English?
Pharmacist	Yes, how can I help you?
Me	**I have a headache and a sore throat, and I'm very tired.**
Pharmacist	I see. **Do you have a fever?**
Me	I'm not sure. But I feel like I have a fever.
Pharmacist	I'll take your temperature. **Have you taken any medication recently?**
Me	No, this just started today, and I haven't taken anything yet.
Pharmacist	Okay. I'll give you some medicine here. Try to drink plenty of water and get some rest.
Me	Thank you for your help.

Tip 8 — 흔히 발생하는 병 이름

fever 열	cold 감기	flu 독감	headache 두통
stomachache 복통	sore throat 목 아픔	allergy 알레르기 반응	
rash 발진	diarrhea 설사	vomiting 구토	

나	실례합니다, 몸이 안 좋아서요. 영어를 하시나요?
약사	네, 어떻게 도와드릴까요?
나	머리와 목이 아프고, 굉장히 피곤해요.
약사	그렇군요. 열이 나시나요?
나	모르겠어요. 하지만 열감은 있어요.
약사	열을 재 드릴게요. 최근에 약을 먹은 적이 있나요?
나	아니요, 증상이 오늘 시작됐고, 아직 아무것도 복용하지 않았어요.
약사	알겠습니다. 여기 약 드릴게요. 수분을 충분히 섭취하고 푹 쉬도록 하세요.
나	도움 주셔서 감사합니다.

Tip 9 증상을 설명하는 표현

I have a headache. 머리가 아파요.
I have a fever. 열이 나요.
My throat is sore. 목이 아파요.
I feel dizzy. 어지러워요.
I have trouble breathing. 숨쉬기가 힘들어요.
I have a rash on my skin. 피부에 발진이 있어요.
I feel weak and tired. 기운이 없고 피곤해요.

I feel nauseous. 메스꺼워요.
I'm coughing a lot. 기침이 자주 나요.
My stomach hurts. 배가 아파요.

10 긴급 상황

물갈이가 시작됐다

'아… 안 돼!' 이 나라 오면 물갈이가 필수라더니… 혹시나가 역시나였다. 지난 저녁부터 배가 꾸르륵거리더니 새벽 내내 화장실을 오고 갔다. 어제 마신 물이 문제였던 것 같다. 이대로 두면 탈수로 위험해질 수 있으니 호텔 프런트에 전화하여 도움을 요청해 보자.

I feel sick, and I think I need some help.

제가 몸이 안 좋아서, 도움이 좀 필요해서요.

> ▶ 포괄적으로 몸 상태가 좋지 않다고 말하고 싶을 때는
> I feel sick(=unwell)을 사용하면 된다.
> 호텔은 몸이 좋지 않은 손님들을 많이 만나 봤을
> 테니, 돕는 매뉴얼이 있을 수 있다. 편하게 도움을
> 요청해 보자.

Is there a pharmacy near the hotel?

호텔 근처에 약국이 있나요?

> ▶ 호텔에서 비상약을 보유하고 있어도 종류는
> 매우 제한적일 수 있다. 특히 물갈이는 현지 약이
> 제일 잘 듣는다고 하니 동행에게 부탁하여
> 약국으로 가 보자.

Can you also prepare some plain rice porridge with boiled water?

끓인 물로 만든 쌀죽을 해 주실 수 있을까요?

▶ 사전에 '죽'을 검색하면 porridge가 나올 텐데, 영미권의 경우 porridge는 우유를 넣고 끓이기 때문에 물갈이나 장염의 경우 절대 먹으면 안 된다. 정확하게 물로 끓인 것으로 부탁해야 하니 참고하자.

Do you have any sports drink or emergency medication to stop diarrhea?

혹시 이온 음료나 설사를 멈추는 비상 약이 있나요?

▶ 계속되는 설사나 구토로 인한 탈수를 막기 위해서는 이온 음료를 마셔야 하는데, 영어로 보통 sports drink라고 한다.

Emergency

Tina's Suggestion

~~~~~~

Me	Excuse me. **I feel sick, and I think I need some help.**
Staff	Oh, I'm sorry to hear that. What seems to be the problem?
Me	I'm dehydrated, I have diarrhea, and I'm vomiting. **Is there a pharmacy near the hotel?**
Staff	Yes, there is a pharmacy within a 5-minute walk. Let me give you the address.
Me	Yes, please. And **can you also prepare some plain rice porridge with boiled water?**
Staff	Of course. We'll arrange that right away. Is there anything else you need?
Me	Thank you so much. **Do you have a sports drink or emergency medication to stop diarrhea?**
Staff	Yes, we have sports drinks and some basic medication available. I'll bring them to you along with the porridge.
Me	I really appreciate your help.

나	실례합니다. 제가 몸이 안 좋아서, 도움이 좀 필요해서요.
직원	아, 그러시군요. 무슨 문제인가요?
나	탈수, 설사, 구토 증상이 있습니다. 호텔 근처에 약국이 있나요?
직원	네, 걸어서 5분 거리에 약국 하나가 있습니다. 주소 알려 드리겠습니다.
나	네, 부탁드립니다. 그리고 끓인 물로 만든 쌀죽도 해 주실 수 있을까요?
직원	물론이죠. 바로 준비해 드리겠습니다. 추가로 필요한 것이 있으신가요?
나	대단히 감사합니다. 혹시 이온 음료나 설사를 멈추는 비상약이 있나요?
직원	네, 스포츠음료와 기본적인 약은 있습니다. 쌀죽과 함께 가져다드리겠습니다.
나	도와주셔서 정말 감사합니다.

Tip 10 죽도 잘 시켜야 한다

porridge라고 하면 일반적으로 우유를 사용하여 만든 죽이 대부분이다. 따라서 우리나라 죽을 생각하고 주문했다가는 물갈이 혹은 장염 환자에게는 더 역효과가 날 수 있다. 물로 끓인 우리나라 스타일의 죽을 주문할 때는 plain porridge나 porridge made with water와 같은 표현을 사용하자.

10 긴급 상황
인종 차별에 센스있게 대처하기

'너 그거 인종 차별이야!' 해외여행을 하노라면 해외 각국의 사람들과 대화를 하는 상황을 마주칠 수 있다. 한국 사람들은 이런 이슈가 생소하기에 들어도 이해하지 못하거나 너무 진지하게 반응하여 분위기를 안 좋게 만들 수 있다. 그럴 땐 위트는 있지만 시원하게 미국식 농담조로 대처해보는 것도 경험이 될 것이다. 최소한 그들의 무례함에 웃어주지는 말자!

You're from Korea? Do you know Kim Jong-un?

너 한국에서 왔어? 김정은 알아?

> ▶ 단순히 Korea라고 하면 해외에서 North Korea의 존재감이 굉장히 비대하다. 그래서 김정은과 같은 인물들을 잘 알고 있는데 I'm from Korea.라고 했을 때 장난스럽게 이런 이야기를 하는 경우가 있다. 한국인이라고 하면 모두 북한 사람들일 거라고 가정하는 것은 무례한 행위이니 참고하자.

Wow, your English is good for an Asian.

우와, 아시아인치고는 영어 잘하네.

> ▶ 이 발언은 사실 한국인들이 해외에 나가서도 많이 하게 되는 발언이기에 같이 조심하면 좋다. 미국과 같은 나라는 인종과 상관없이 국적을 가지고 있는 경우가 많아 우리나라와는 굉장히 다른 곳이다. 그러므로 인종으로 그들의 국적을 유추하는 것은 일반적이지 않다.

You must be good at math, right?

넌 수학 잘하겠다, 맞지?

> ▶ 동양인은 수학/과학을 잘할 것이라는 편견에 근거한 말이다. 실제로 아시아인들은 해외 미디어에 머리가 좋지만 사회성이 떨어지는 nerd로 그려지는 경우가 많은데, 이 또한 편견이 반영된 현상이다.

You're Korean? Did you train to be a K-pop idol?

너 한국인이야? 케이팝 아이돌 준비했었어?

> ▶ 요즘은 워낙 케이팝의 인기로 대한민국의 세계적인 위상이 높아졌기 때문에 이런 말들을 들을 수 있다. 모든 한국인이 K-pop 산업과 직접적인 연관이 있다는 잘못된 가정을 내포하고 있는 표현이니 참고하자.

Tina's Suggestion

~~~~~~

Friend   **Hey, you're from Korea? Do you know Kim Jong-un?**

Me   Oh, sure, because Korea is such a small place that we all know each other personally.

· ·

Friend   **Wow, your English is good for an Asian.**

Me   Thanks, and your English is pretty good for an American.

· ·

Friend   **You must be good at math, right?**

Me   Yeah, because obviously all Asians are born with a calculator in their hand.

· ·

Friend   **You're Korean? Did you train to be a K-pop idol?**

Me   Of course, because every Korean has a secret K-pop training background.

친구	너 한국에서 왔어? 김정은 알아?
나	아, 물론이지. 한국은 워낙 작은 나라라서 우리가 다 서로 아는 사이거든.

- -

친구	우와, 아시아인치고는 영어 잘하네.
나	고마워, 너도 미국인치고는 영어 잘하네.

- -

친구	넌 수학 잘하겠다, 맞지?
나	그렇지, 모든 아시아인은 태어날 때 계산기를 손에 들고 태어나거든.

- -

친구	너 한국인이야? 케이팝 아이돌 준비했었어?
나	당연하지, 모든 한국인은 비밀리에 K-pop 아이돌 훈련을 받으니까.

10 긴급 상황
이 세계에선 내가 인종차별자!?

'너 동양인인데, 미국인이라고?' 해외에서 문화적 차이로 인해 의도치 않게 할 수 있는 인종차별적 발언과 그 이유를 이해해 보자. 한국인 여행자가 피해야 할 일반적인 발언들을 살펴본다.

You speak English really well for an Asian.

당신은 아시아인치고는 영어를 정말 잘하네요.

> ▶ 아시아인이 영어를 잘 못한다는 선입견을 내포하고 있다. 앞에서도 말했지만, 아시아인도 미국에서 나고 자라 영어가 모국어인 미국인일 수 있다. 우리는 한국에서 나고 자란 한국인이기 때문에 칭찬일 수 있지만, 해외에서는 무례한 발언으로 들릴 수 있다는 것을 명심하자.

Where are you really from?

당신은 정말 어디 출신이에요?

> ▶ 예를 들면, 유럽의 한 나라에서 동양인을 만났다고 생각해 보자. 서로 어느 나라 출신인지를 소개하는데, 그 친구가 본인은 프랑스 사람이라고 한다. 그럴 때 우리나라 사람들은 이렇게 질문을 많이 한다. 너의 '민족성'이 궁금하다는 말이다. 중국인인지, 한국인인지, 일본인인지 궁금한 것이다. 그런 발언은 무례한 발언이므로 삼가자.

All black people look the same to me.

모든 흑인이 저한테는 똑같아 보여요.

> ▶ 우리나라 사람 중에 이런 말들을 하는 사람들이 꽤 있다. 다른 인종 사람들의 얼굴을 구별하기 힘들다는 것이다. 이는 해외에서는 전형적인 인종 차별적 발언이니 속으로만 생각하자.

I love Asian girls. They are such sweethearts. I guess I've got yellow fever. Haha.

나는 아시아 여자들을 정말 좋아해. 다들 정말 스윗하다니까. 나 옐로우 피버 걸렸나봐. ㅋㅋ.

> ▶ '아시아 여자들은 어떨 것이다'라고 가정하며 말하는 아시아 여성 차별적인 발언이다. 아시아인이라는 이유로 여성들을 좋아하는 사람들을 yellow fever를 갖고 있다고 이야기하는데, 이 단어 또한 굉장히 부적절한 단어로, 사용하지 않는 것을 추천한다. 참고로, yellow fever의 본래 뜻은 '황열병'이다.

Tina's Suggestion

~~~~~~

Me	It's amazing how you speak English. **You speak really well for an Asian.**
Local	Actually, that's a bit of a stereotype. English is spoken by many people all over Asia.

· ·

Me	I'm from Korea. Where are you from?
Local	I live here. I'm French.
Me	What? But you're Asian. **Where are you really from?**
Local	I was born and raised here just like my parents.

· ·

Me	Honestly, **all black people look the same to me.**
Local	Wow... Actually, that's a stereotype, and it's not true.

· ·

Me	**I love Asian girls. They are such sweethearts. I guess I've got yellow fever. Haha.**
Local	Saying you have 'yellow fever' is actually quite offensive and racially insensitive. It objectifies people and reduces them to a stereotype.

나	당신 영어 정말 잘하네요. 아시아인치고는요.
현지인	사실, 그건 좀 선입견이에요. 아시아 전역에 영어를 하는 사람들이 많아요.

. . . .

나	저는 한국에서 왔어요. 어디서 오셨어요?
현지인	저는 여기 살아요. 프랑스인이에요.
나	네? 하지만 아시아인이시잖아요. 진짜 출신이 어디예요?
현지인	저는 제 부모님처럼 여기서 태어나고 자랐어요.

. . . .

나	솔직히, 나한테 흑인들은 다 똑같이 생겼어.
현지인	와우… 있잖아, 그거 선입견이고, 사실도 아니야.

. . . .

나	나는 아시아 여자들을 좋아해. 다들 정말 스윗하다니까. 나 옐로우 피버 걸렸나봐. ㅋㅋ.
현지인	'옐로우 피버'라고 하는 것은 실제로 굉장히 무례하고 인종적으로 둔감한 발언이야. 사람들을 대상화하고 하나의 선입견으로 바라보는 거야.

영어회화 핵심패턴 233
영어회화 핵심패턴 233 중고급편

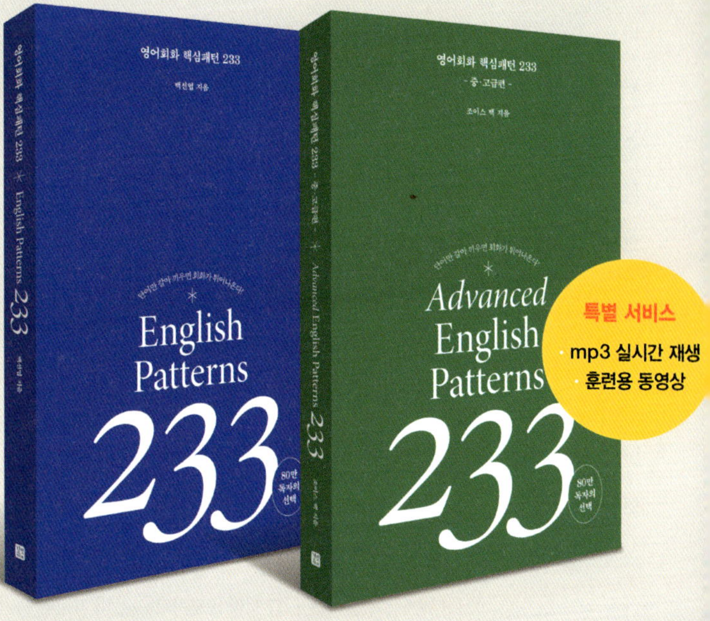

백선엽 지음 | 352쪽 | 18,000원　　　조이스백 지음 | 372쪽 | 18,000원

특별 서비스
- mp3 실시간 재생
- 훈련용 동영상

80만 독자가 선택한 20년 연속 베스트셀러
233개 패턴에 단어만 갈아 끼우면 회화가 튀어나온다!

	기본편		중고급편			
난이도	첫걸음	초급	중급	고급	**기간**	1일 1패턴 233일
대상	패턴 학습으로 영어를 편하게 습득하고 싶은 분, 영어 학습을 습관화 하고 싶은 분				**목표**	툭 치면 원하는 영어 표현이 바로 나오는 상태

여행 영어
무작정 따라하기

부록
MP3 파일 무료 제공

라이언 지음 | 236쪽 | 13,000원

두 권으로 즐기는 완벽한 여행!

2주 전 '벼락치기 할 사람'도 '무작정 떠날 사람'도
이 책이면 됩니다

난이도	첫걸음 | 초급 | 중급 | 고급	**기간** 해외여행 D-2주, 하루 30분
대상	영어는 물론 현지의 문화와 에티켓까지 챙기고 싶은 예비 여행자	**목표** 현지에서 영어로 음식 주문하고 관광지 찾고 쇼핑해보기

비즈니스 영어회화 &
이메일 표현사전

이지윤 지음 | 684쪽 | 25,000원

필요할 때 바로 찾아보는 비즈니스 회화, 실무 영작 표현 사전!

난이도	첫걸음 초급 중급 고급	**기간**	다양한 비즈니스 상황에서 바로 찾아 쓸 수 있도록 목차를 구성
대상	업무상 영어를 쓰는 직장인	**목표**	필요할 때 맞는 표현을 찾아서 비즈니스 상황 적재적소에 사용